自學式教材設計手冊

楊家興 著

作者簡介

楊家興

學歷：美國維吉尼亞理工學院教學科技博士
　　　美國伊利諾州立大學教學媒體碩士
　　　青輔會電子計算機應用訓練班結業
　　　國立台灣師範大學教育學士

經歷：國立空中大學商學系、管理與資訊學系講師、副教授
　　　金朋資訊公司專案經理
　　　合作金庫程式設計師、系統分析師
　　　臺北市國中教師、組長

現職：國立空中大學副教授兼澎湖中心主任

著作：教學媒體的理論、實務與研究（台北：立華出版公司，民國 87 年）
　　　電腦入門與實作（楊家興等，台北：國立空中大學，民國 87 年）
　　　多媒體系統製作（楊家興等，台北：國立空中大學，民國 87 年）
　　　資訊科學導論（楊家興等，台北：國立空中大學，民國 86 年）
　　　套裝軟體—多媒體（楊家興等，台北：國立空中大學，民國 86 年）
　　　〔英文文選〕課程軟體（楊家興等，台北：國立空中大學，民國 81 年）
　　　〔國中英文〕課程軟體（楊家興等，台北：資訊科學展示中心，民國 81 年）
　　　〔基礎英文〕課程軟體（楊家興等，台北：國立空中大學，民國 80 年）

作者序

如果說：本世紀是知識爆炸的時代，那麼，無疑的下一世紀將是終身學習的時代。由於二十世紀以來知識快速的累積與更新，面對這變遷、成長的世界，人人都需要不斷的學習，才不致在資訊洪流中被吞噬沒頂，更進而能乘波而起，實現個人理想、甚至叱咤風雲、導引時勢。

在這樣一個全民學習、終身學習的社會中，我們不能只是依賴現有的直線式、一氣呵成的正規教育體系來學習，而是要突破入學藩籬及時空障礙，打造一個無時不可學、無處不可學、也無人不可學的學習社會（Learning Societies）。

近年來，因應世界性的教育改革運動，我國教育部提出一連串「回流教育」、「遠距教育」、「網路學習社區」等口號，就是要在政策、制度上，積極鼓舞實現終身教育的理念；但在實際行動上，改變教與學的觀念、重新定位師與生的角色，更是落實這種教育政策的關鍵，課程教材的重新設計，正是目前的教改趨勢。

美國在教材的發展上，首先由史肯納（Skinner）推出「編序教材」的改革理念，歷經視聽教具、電腦教學軟體、到近代網路資源的運用等發展，其課程教材不但符合教學設計的理論，而且運用多元的教學科技，綱目清晰、內容活潑，教學活動也有諸多變化。

英國開放大學更是一個教材改革成功的典範，它的創建是要普及高等教育於全國，配合其套裝、多元化、自學式教材的設計，英國開放大學不但達到廣開大學之門的目的，而且其教材品質更廣受稱譽，被視為實現「個別化教學」的理想工具。

美、英等國所領導的教育改革運動中，發展「自學式」的有效教材是其中的主要潮流之一，自學式教材的特質是在原有的「教材」中加入教師的「教法」，使學生可以直接在閱讀、使用教材時，與教師虛擬互動，達成最佳的學習效果。同時，在這教學科技普及的時代中，教材也不必侷限於平面印刷的文字，運用多種不同的媒體，來呈現多元的資訊型式，可以增強表達的意義與溝通的效力。

本書將對自學式教材的設計與多元媒體的運用，有詳細的描述，並建議一些具體化的實施原則，希望爲現有刻板、僵化的教科書製作，注入新的生命力，爲我國教學改革運動盡一份棉薄之力。

作者在民國七十八年起在國立空中大學從事電腦輔助教學的設計工作；在閱讀到黃政傑教授爲本校所規畫的自學式教材研究專案報告後，深有啓發。累積自己工作經驗及研究教學科技之心得，在民國八十四年起陸續發表了一系列製作多元套裝教材的看法，其中「遠距教學下發展多元媒體組合教材的探討」一文，獲得視聽教育學會八十五年度的學術論著獎。

後來中國大陸校長組團來台訪問時，對國立空中大學推動多元套裝教材的經驗極感興趣，特別邀請作者在民國八十八年三月到中國，爲大陸廣播電視大學系統的教師們講授自學式教材的製作理論與實務，得到極爲正面的回饋；回國後，作者乃將講授大綱積極充實，使理論趨於完備，並多舉些實用範例、表格，終而編寫完成本書。

本書可以做爲學校教師自編教材、教科書作者撰寫書籍、或企業專才編製訓練講義時的指引；本書也可做爲視聽教育人員錄製教學節目、電腦工程師編製軟體使用說明、或爲網頁玩家製作網頁教材的參考。

本書寫作過程中，要感謝同窗好友新竹師院的裘友善教授，詳讀本文並提供卓見；師大學長任職教育部技職司的黃政傑司長，在公務繁忙下，仍撥空爲本書寫序；心理出版社的吳道愉先生的鼓勵與協助編輯；他們的隆情盛意，爲全書增色不少。最後，要以此書的發行，向從事教育及訓練的教師們致敬，寶刀贈英雄，願以此書中所呈現的一些心得和經驗，與大家共勉，一起努力設計、製作良好的教材，讓孜孜矻矻、不斷勤學的現代人得到最好的學習成效。

楊家興 寫於國立空中大學澎湖中心

黃序

自學式教材旨在把教學者對學習者的指導建構於教材之中，藉由此類指導提供學習者自我學習的機會，發揮自我學習的效能。自學式教材能擺脫時空的限制，培養獨立學習的技能和態度，因應個別學習者所具有的不同經驗、興趣、能力和需要，使其依照個別差異調整學習主題、速度、路徑、深度和廣度，這是極爲重要的個別化學習設計。

自學式教材的發展已有長久的歷史，不論是國內或國外，都已在傳統的書面媒體之外，陸續發展出編序教材、錄音帶教材、錄影帶教材、光碟教材、多媒體教材、電腦輔助教材和電腦網路教材。自從教育朝向科學化的方向發展以來，自學式教材的設計已經顯示出幾個重要趨勢：⑴提供學習者更大的自由和彈性進行學習；⑵重視基本學習和補救學習或充實學習的設計；⑶設計理念由資訊提供擴展爲對話、批判、反省及整合建構；⑷由線性路徑及分枝路徑導向超連結的學習路徑；⑸由書面媒體導向多媒體及電腦網路的使用；⑹強調更明確的教學目標及更具銜接性的內容、活動和評鑑設計；⑺採用多元學習活動以達成學習目標；⑻重視評鑑、回饋、激勵及學習指導的設計；⑼採用隔空教育及遠距教育模式，重視師生互動及學習者互動的配合。

楊家興博士多年來致力於自學式教材設計的理論與實務，時有著作出現，爲國內少數關心這個領域的學者專家。其新作「自學式教材設計手冊」，分成基本理論、設計實務及應用與發展三部分，文字淺顯，內容豐富，頗能切合上述趨勢。舉凡自學式教材設計的歷史沿革、理論基礎、媒體設計和選用、設計理念和途徑、設計模式和具體應用實例，都能提出寶貴的說明和分析，其中尤重教材設計各階段的實施方法和策略，導出明確可行的途徑。

有鑑於國內教育品質升級亟須擺脫傳統的標準化教育模式，邁向個別化教育模式，提供學習者適性發展的機會，其中自學式教材的設計又為個別化教學的重要教育改革方向，因此楊博士的新著正好切合國內教育發展上的需要。對國內推展自學式教材而言，楊博士的新作深具價值性和啓發性，堪稱不可多得的參考讀物。本人有幸在付梓之前事先拜讀楊博士的大作，欣喜之餘乃樂意向大家推介，希望該書在國內推動隔空教育或遠距教學及學校本位課程發展的關鍵時刻，有助於教師設計自學式教材的參考。

黃政傑

台灣師範大學教育系教授

中華民國課程與教學學會理事長

2000 年 1 月 1 日

目錄

第一部分

基本理論

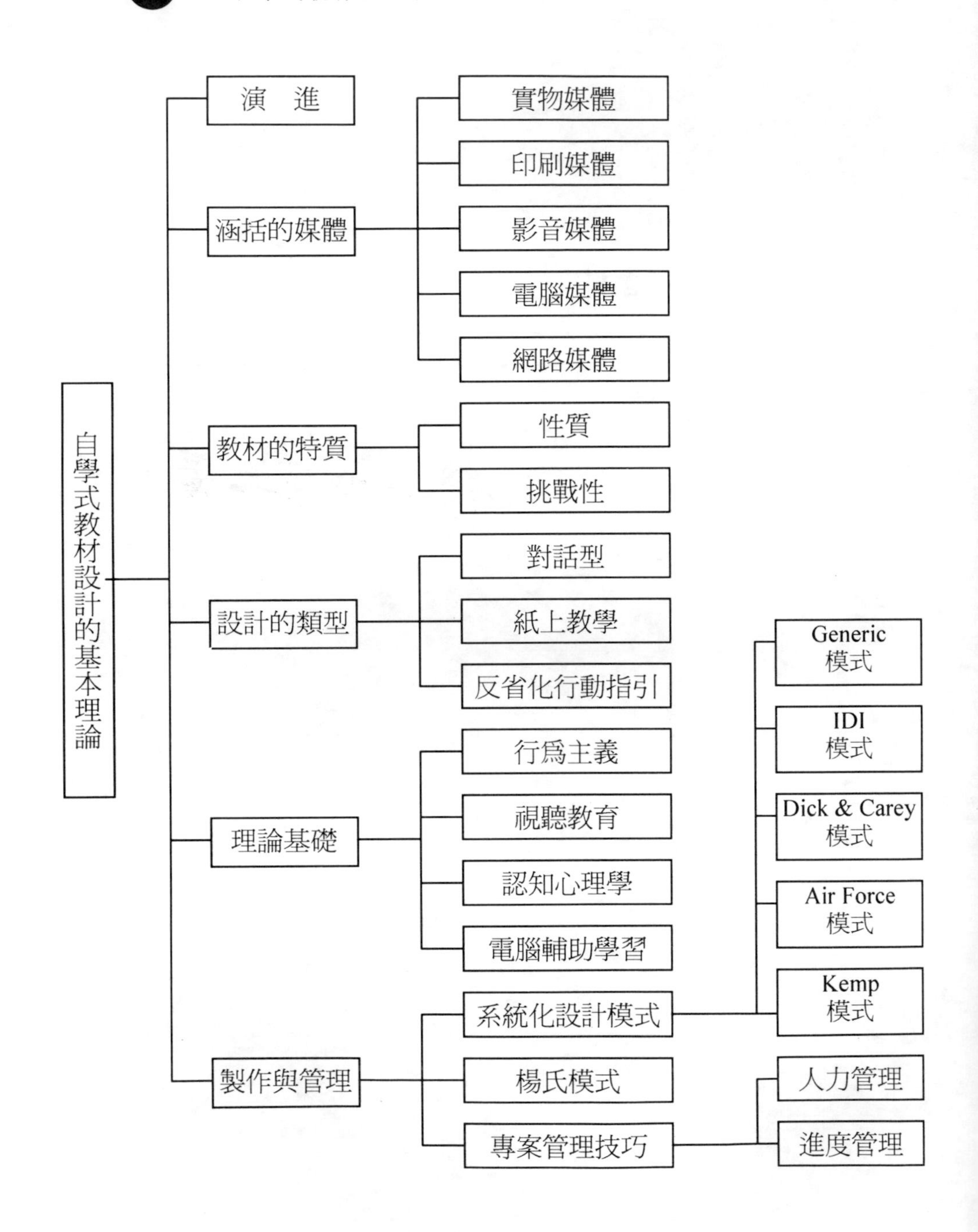
自學式教材設計的基本理論
演 進
涵括的媒體
實物媒體
印刷媒體
影音媒體
電腦媒體
網路媒體
教材的特質
性質
挑戰性
設計的類型
對話型
紙上教學
反省化行動指引
理論基礎
行爲主義
視聽教育
認知心理學
電腦輔助學習
製作與管理
系統化設計模式
Generic 模式
IDI 模式
Dick & Carey 模式
Air Force 模式
Kemp 模式
楊氏模式
專案管理技巧
人力管理
進度管理

壹 自學式教材的演進

學習是人類能創造文明的最大原因，而引導學習的教育措施也因此成為任何社會求生存、求繁榮的基本條件。在教育的過程中，知識必須透過媒體的型式來達成傳播的目的。先民將口耳相傳的真人講述方式不斷的改良，進步為文字記載的簡冊、包含插圖的教科書，再到錄影音帶的視聽媒體，及近年來綜合文字、圖形、語音、視訊的電腦多媒體；在教學的活動上，也由親子相傳，到私人的聚眾講學，再進化為有系統的學校教育。歷經幾千年的嘗試錯誤及無數學者的規畫、研究，我們今日終能有窗明几淨的教室空間、有分工精密的科目教師、還有形形色色的教學器具，以輔助我們教育的進行，達成有效傳播知識的目的。

許多人會以為書籍的流傳就是教學的廣佈，但書籍是用來散播知識，倒不一定是為有系統的教學而設計，固然書籍的讀者中有慕作者之名而「私淑艾」者，但我們不能據此認為閱讀書籍等同於有效學習。我們姑且不論一般的專業圖書或眾多的休閒讀物，即使目前市面上標榜的「學術論著」或「大學用書」，它們多半是以「學科知識」的體系為核心來規畫書籍的撰寫。以專家的眼光來看，這些圖書或許能清楚的、有組織的闡明學科知識，但對於學習者而言，這些書籍若要能充分發揮引導學習的效力與效率，則有賴於教師積極的介入與指導，在目前「傳統」的學校環境下，教師的角色是不可或缺的，因為他站在學習者與教材之間，是知識的催化劑。

「自學式教材（self-instructional materials）」與一般書籍不同，它是要藉助本身的設計，讓學習者能直接了解、吸收教材中所包含的內容，達成學習知識的目的。它的發展可以追溯到本世紀中期行為主義心理學者史肯納（Skinner）所提倡的**「編序教學（programmed instruction）」**

理論，史肯納主張將課程知識分解為一串串相連接的獨立片斷（frames），由淺至深、順序呈現，在每個片斷後立刻提供內容的練習，做為進入下一片斷學習前的準備，並以此達到有效學習的目的。這套教材發展的理論，原是用來適應個別差異、提高學習的成效，達成完全學習的理想，但由於它把教材與教法融合在一起，在使用上不需要教師的介入，因此竟然發展成為「自學式教材」的範本，適合學習者在遠距或獨立自學的環境下，依自己的能力來完成學習的目標。

編序教材的發展中，有一項極為重要的考慮，那就是「個別化學習（**individualized learning**）」。有的學者將它解釋為一對一的個別（individual）學習，反應在教材的規畫上，他們強調將教師所代表的授業及解惑的教學策略融入課程內容中，讓學習者可以透過「私人專屬」的學習材料及「個別進行」的時程來達到個別學習的理想。

但另外有些學者更深入的探討「個別化（individualize）」的意義（Yang, 1987），他們不認為「一對一」的型式是個別化學習的要件，他們強調：個別化在知識建構的過程中，要能滿足不同學習者間獨特的需求；如果教師一成不變的使用同樣的教材來教授多個個別的學習者，或學習者個別使用不符合他能力的教材，那麼這些一對一的教學都不是真正的個別化學習。理想中的個別化學習是：學習者在學習過程中，可以依個別能力的差異與需求，來選擇適合的教材內容、進行個別學習目標的活動，有時候單獨一人依自己的能力來決定進度，依自己的需要來選擇課程內容的數量或順序，又有的時候要與其他同學共同進行討論、合作，只要是適應個人的能力、興趣與需要，所有這些個人的、團體的活動型式都能滿足個別化學習理想的要件。

早期線性（linear）型態的編序教學理念，或由此衍生的教學機（**teaching machine**），明顯不能符合「個別化」的教學理念，後來行為主義心理學家將編序教學加以改良，在呈現一個教材片斷後，依學習者反應的不同，再分歧（branch）到不同的教材片斷，或繼續學習或進行補救學習，這種分歧型的編序教學理念，應用在教科書的設計上，就成了「雜湊書本（scramble book）」。再配合電腦取代教學機的發展，分歧型的編序教學轉化為電腦輔助教學（computer-assisted instruction）的課程軟體，繼續發揮其在教學上的影響力。

但隨著教學典範（paradigm）由行為主義心理學移轉到認知心理學，編序教學中「個別」施教的學習形式不能通過教學理論與實際的要求，其結果使得自學式教材的呼聲逐漸沉寂了下來。當時鐘指向二十世紀後期，知識的爆炸像雪球般越滾越大，資訊的快速累積與更新，使得人們有不斷進修、乃至終身學習的需求。因應「學習型社會」的成型與高等教育普及的呼聲，英國在六〇年代後期，率先成立世界第一所以遠距方式施教的開放大學（Open University），它突破了時空限制、擴展學習者開放學習的可能性，廣泛採用「自學式教材」的理念來規畫課程，使得美國中落的自學式教材，在英國又延續了下來，甚至不斷推陳出新、精益求精，竟而發揚光大，再度成為教育學者矚目的焦點。

英國開放大學的課程，採用遠距、自學的型式，由於學習者在學習的過程中，很少面對教師，大部分的時候，學習者要自行在教材中摸索學習。所以開放大學所製作的教材，不但內容要清楚、精確，符合專業的要求，而且教材中還要有教師教學的功能，包括：指導、激勵、詢問、討論、補充、提示、解釋等活動。開放大學的教育工學研究中心（Institute of Educational Technology）在編製自學式教材時，經常告訴課程書籍的作者：就像是上課對學習者說話般，把每句話、每個活動轉化為文字；所以隆崔力（Rowntree, 1990）稱它為「紙上教學型（tutorial-in-print）的設計」，這話頗能傳達自學式教材設計的基本精神。

近些年來，認知心理學中的建構主義（constructivism）盛行，強調個別學習者在教育環境中，主動過濾、挑選教材資源，以建構自己獨特的認知體系。配合視聽、資訊及通信科技的發達，教材的設計終能突破「個別」形式的學習，導向真正的「個別化」。在當前各國競相推動全民的、終身的進修教育，創建一個以學生自學為主、學校輔導為副的開放式學習環境，傳統學校以教師主導學習的教科書設計，將無法適用在開放型教育體制下，自學式教材東山再起，躍上舞台，又成爲學者關注、研究及討論的明星。

1. 一般的大學教科書算不算是「自學式教材」？為什麼？

2. 「個別化學習」與「個別學習」的概念有沒有什麼差異？

3. 從美國的史肯納到英國的開放大學，自學式教材的發展有什麼重大的變化？

貳 自學式教材所涵括的媒體

自學式教材的發展雖然源自印刷書籍，但在開始時，史肯納就將它與「教學機」這種科技結合，後來凱勒（Keller）倡導「個人化教學系統（**personalized system of instruction**）」、波斯特史威德（Postlethwait）發展「錄音帶教學系統（**audio-tutorial system**）」、伊利諾大學建構「電腦輔助教學系統**PLATO**」等，他們都強調書本和其它媒體的配合，因此自學式教材常伴有其它媒體，共同組成「多元媒體套裝教材（**multiple media learning package**）」的型式。

目前應用在自學式教材中所涵括的媒體，除了真人教師以面授、函授、叩應（call-in）等方式介入外，主要可以區分為五大類：

一、實物媒體

實物媒體是指以具體或逼真的事物，來提供學習者了解、探索知識概念，它包括有：真實事物、標本、模型及實習材料盒等。

二、印刷媒體

印刷媒體的教材有：一般書籍、學校教科書、學習手冊、作業簿、地圖、圖表、圖片、海報、報紙、雜誌、期刊、補充講義等。

三、影音媒體

影音媒體是泛指較傳統的視聽教材，純音訊的媒體有：唱片、錄音帶、音樂光碟、廣播節目或電話語音系統等，純視訊的媒體有：捲片、幻燈片、電影默片等，而影音合流的媒體則主要有：電影片、電視節目、錄影帶、雷射影碟、影音光碟（VCD）及數位化影音光碟（DVD）等。

四、電腦媒體

單獨使用電腦（stand-alone computers）做爲自學式教材的播送媒體，不管是使用磁片或各類的多媒體光碟片，其主要功能有：教學式軟體、練習式軟體、測驗式軟體、模擬式軟體、工具式軟體及遊戲式軟體等。

五、網路媒體

網路是最近加入自學式教材的媒體，它運用通信科技，將散佈在各地的教學資源，整合到學習者面前的電腦中，目前常用在教學的使用方式有：電子公佈欄、線上討論室、網路資源檢索、電子信箱、電子書、及各類的遠距教室等。

1. 自學式教材中常見的媒體種類有哪些？它們呈現的型式各有哪些樣式？
2. 網路是最近大家所最熱衷討論的媒體，請列舉一些教學網站，並與朋友討論這些網站中所呈現的媒體樣式。

參　自學式教材的特色

學習者在自學的過程中，要有強烈的學習動機、明確的目標、自我督導、及不時的自我鼓勵，才能走完艱辛的漫漫長途，否則一遭到挫折、或決心鬆懈，就會放棄努力，無法達成自我學習的目的，因此自學式教材的設計上要有：吸引力、明確性、個別化、互動化等考量。

一、自學式教材的性質

由於自學式教材設計的特殊考量，在性質上自學式教材不同於一般教材，以下歸納李麗君（1993）及雷畏斯等人（Lewis & Paine, 1985）的分析結果如表 1-1。

從表 1-1 自學式教材與一般教材的分析比較中，我們可以看出：自學式教材是以學生爲本位，處處從「學」的角度來規畫教材的設計，而一般教材比較以學科爲本位，處處從「教」的角度來規畫教材，兩者在本質上很不相同。

二、自學式教材的挑戰性

自學式教材除了在性質上有其特殊之處外，其設計者還面臨四項嚴格的挑戰，使得製作自學式教材的難度，遠高於傳統上教師運用於課堂講授的教材：

表 1-1　自學式教材與一般教材的分析比較

自學式教材	一般教材
挑起學習興趣	預設學習者自有興趣
為學生編寫	為教師編寫
預估學習使用時間	未估列學習使用時間
有明確的學習者	廣大的使用群
提供學習目的及目標	很少提供學習目的及目標
採用多種學習途徑	大體上採用單一學習模式
依學習者需求決定教材架構	依學術專業決定教材架構
強調自我評量活動	很少或沒有自我評量的活動
注意學習者可能的困難	不在意學習者可能的困難
提供內容的總結	很少提供內容的總結
使用個人化的稱謂	不使用個人化的稱謂
內容詳細陳述	內容精簡濃縮
版面留白較多，採低容量設計	版面充滿文字，採高容量設計
尋求學習者的評鑑回饋	很少顧及學習者的觀點
提供學習技巧的建議	未提供學習技巧的建議
需要學習者的主動回應	學習者被動閱讀
以達成有效學習為目的	以學術性呈現為目的
鼓勵學習者的共同參與	假設學習者的個別使用
清楚鮮明的教材結構	較籠統的學習結構
簡單的語法、詞句	複雜、典雅的語法、詞句
較短的課程片段	較長的課程片段
使用大量的範例、圖表	不特別使用範例、圖表
參用學習者的經驗	以學科邏輯順序為主
應用知識的建議	較不注重知識的應用

㈠它必須預期學習者的能力與反應，並針對特定的學習目標而準備教材，不能只是系統化的呈現知識體系而已，所以，「事前深入了解學習者」是成功編製自學式教材的必要條件。

㈡它是事前製作完成，無法臨機應變改變內容，使用過程中，還要預期學習者的反應回饋。因此，它的設計製作必須有詳細精密的計畫，才能保證教材的合適性。

㈢大部分的自學式教材，都是以成人爲學習對象來設計，成人學生較諸一般學校學生不但異質性高，程度懸殊大，而且他們有更豐富、寬廣的工作及生活經驗。課程教材的設計上，要如何兼顧異質與多元，形成一艱鉅的挑戰。

㈣自學式教材的使用，往往要公開接受其他教師及同業間的挑戰與批判。相對於傳統教師在教室關起門來教學，公開發行而且廣被採用的自學式教材，則必須更嚴謹、更精密、更專業的規畫與製作。

1. 請觀察、比較在形式上自學式教材異於一般傳統教材的地方有哪些？

2. 比起傳統教材，自學式教材的製作有什麼特別困難的地方？

肆 自學式教材設計的基本類型

自學式教材的使用，大半的情形下都是由學習者自行研讀，沒有教師在旁指引，因此設計自學式教材時，其基本精神是在提供課程知識外，還要強調學習者與教材的互動，以達到主動學習（active learning）的目的。

依據英國開放大學學者洛克伍德（Lockwood, 1992）及隆崔力（Rowntree, 1994）的研究，這種互動的自學式教材的設計類型可以分爲三種類型：

一、「對話型（dialogue）」或稱「講解－測驗型（Tell-and-Test）」

對話型的自學式教材設計，反對完全的講述，洛克伍德認爲純粹的講述將窒息學習者的思考空間，因此在一段的知識講解後，一定要搭配一段對話互動，讓學習者有機會思考或表達自我意見。這種對話互動表現在自學式教材的設計上，可以是個內容說明後的討論活動，或是講解後的練習、或是學後測驗的型式。

二、「紙上教學型（Tutorial-in-Print）」

英國開放大學在創校設計課程時，就明白標示：他們所有的課程教材中，都將搭配使用文中活動，使學習者感覺到就像有一個教師在旁協助、指導他學習一般，稱爲「紙上教學型」的設計。這種教材的設計方式是用來造成學習者與教材間的互動，協助學習者充分體會、掌握教材中的內容。

三、「反省化行動指引型（Reflective Action Guide）」

反省化行動指引的設計是要學習者依據教材中所提示的要點，結合學習者本身的需求或所處環境的特質，去實際進行反省化的活動。教材中的內容並不是學習的全部，重點是放在用心思考並反應在實際的行動上。

以上三種類型，對話型教材強調學習者在接受一段學習後，要與教材互動；紙上教學要在學習過程中，設計一個無形、虛擬的教師，在旁不斷的提示、引導學習者去了解、吸收教材；而反省化行動指引則要學習者根據所學知識去思考，並將其應用在本身所處的情境中。

這三種教材類型，不必是截然劃分的，它們的本質都不脫是強調學習者要「主動」的與教材及其環境互動，達到活潑學習的目的。

1. 依據英國開放大學的研究，自學式教材的設計可以分為哪三種類型？並請簡要說明。

2. 請說明自學式教材的基本精神是什麼？

伍 教學的理論基礎

在了解自學式教材的類型後，我們將進行自學式教材的製作研究，但在討論教材製作前，我們要來看看教學的理論基礎，再由這些理論來引導我們的教材設計。

自學式教材的設計是由行爲主義心理學所開始，行爲主義心理學特別重視教材的分析與呈現。但在實際應用時，因應二次大戰中視聽教育的發達，除了單純的平面印刷媒體外，更增加了視聽媒體的輔助。到了六〇年代，認知心理學崛起，特別是其中的「建構主義」強調學習是主動架構認知體系的過程，改變了學習者被動的學習態度。而在本世紀末，電腦及網路科技的全面普及，爲教育與教學開拓了新視野，自學式教材也有了應用的新版圖。

以下，我們就行爲主義心理學、視聽教育、認知心理學及電腦輔助教學等四種理論基礎，做一簡略的介紹。

一、行為主義心理學（Behaviorism）

行為主義心理學反對抽象空洞的精神或意識的探討，只研究具體、可觀察的行爲；它將學習定義爲行爲的長久改變，也就是在「刺激」與「反應」之間建立穩固的聯結關係。經過長期的實驗與觀察，行爲主義心理學者以制約理論建立了一套有效、容易操作的行爲改變程序。華森（J. B. Watson）曾很自豪的說：給我一打的孩子，我可以把他們教育成醫師、警察、或小偷、流氓任何職業；華森的信心來自於行爲主義對教學內容的精密分析。要建立一個複雜的目的行爲，他們的首要步驟就是將目的行為分析成為一個個連續而且容易完成的漸進目標，每個漸進目標再往下分析成為更細的目標，直到最小的目標對應到一個很清楚、很容易完成的教材知識為止。在向學習者呈現每一個最細的目標或內容後，施教者要以明確、具體的練習題目，來檢測學習者對教材的了解，再藉著各種增強作用的鼓勵，達到百分之百的學習目標。

行為主義心理學雖然目前已經由教學典範的地位中淡出，但它對實際教學的影響力仍然深遠久長，其中在自學式教材廣被採用的設計主要有：教材的分析、具體目標的設定、學習過程中的練習、立即回饋的提供、及增強理論的應用等項目。

二、視聽教育（Audio-Visual Education）

我們人類所接觸的訊息，文字只是其中很小的一部分，視覺和聽覺佔了大半，因此許多教育或心理學者對如何使用視、聽覺來學習感到極大的興趣。戴爾（Dale）在一九四六年以「經驗的三角錐（**cone of experience**）」（如圖 1-1）來說明不同媒體型式對學習成效的影響（Heinich, Molenda, & Russell, 1989）。他強調：具體的經驗是了解抽象知識的基礎，而且在各種不同型式的學習經驗中，親身的參與比替代式的學習有效，影像、圖形又比文字符號具體易學。戴爾的理論促成了視聽覺教育的研究，間接促成了教學媒體的多元化。

布魯納（Bruner）也有類似的主張，他認為人類的學習活動有：操作式（enactive learning）、圖像式（iconic learning）及抽象式（abstract learning）三種學習，操作式學習以直接、具體的經驗來進行，是學習的基礎；圖像式學習以影像、圖形等替代式的經驗來學習，難度較高；而抽象式學習則以符號式的抽象經驗來學習，是難度最高的學習活動。我們人類對新事物的學習，要依此順序進行，由具體而抽象、由易而難，才能得到良好的成效。

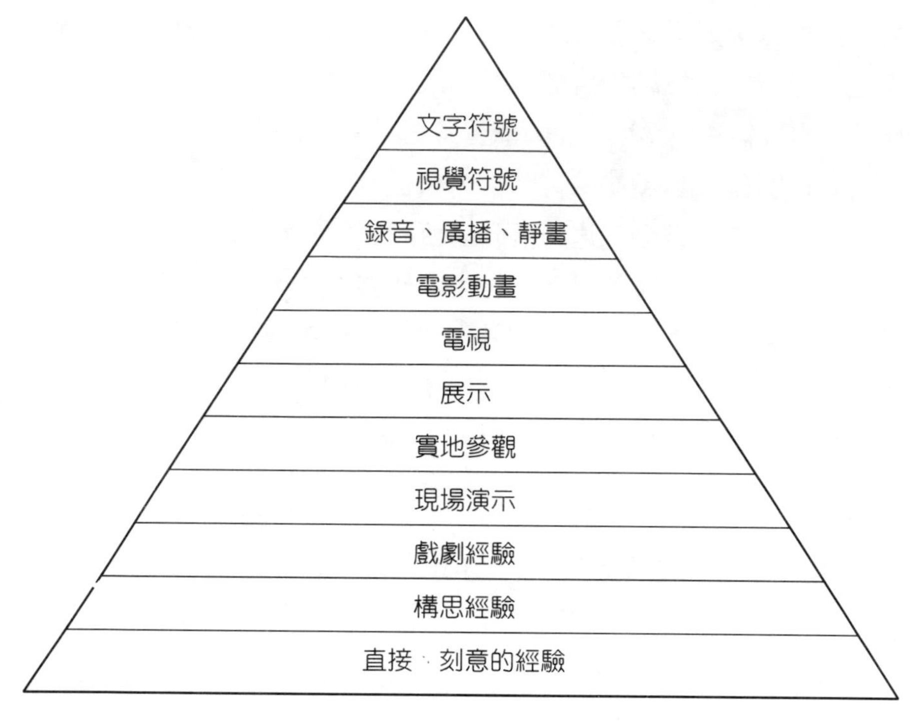

圖 1-1　經驗的三角錐

視聽教育的應用與研究，在二次世界大戰中就已相當普遍，美軍曾在軍事訓練上廣泛使用視聽教具，以提高學習的效果。戰後到七〇年代間更是視聽教育研究的黃金時代，這些研究的一個重點，是比較使用多種知覺來進行「多管道學習（**multiple channel learning**）」是否較只使用任一種知覺的「單管道學習」來得有效，在這方面的結果是肯定的（Dwyer, 1978）。研究者發現：利用人類不同的知覺管道來學習，會分別產生不同的編碼符號，保存在不同的記憶區中，使得學習的內容能更容易記憶，也保存得更長久（Yang, 1994）。此外，使用多種視聽覺媒體來呈現知識，還可以維繫學習者的興趣、適合學習者不同的學習型態。

三、認知心理學（Cognitive Psychology）

認知心理學反對行爲主義只重外顯行爲而抹殺個人內在的認知能力，它認爲學習不只是刺激與反應間的機械連結關係而已；個體內原有的認知體系、被改變的意願、基本的心智能力與獨特的學習型式等，都會影響學習的結果。

認知心理學起初只是強調個體的獨特性，認爲每個人的認知結構不盡相同，而且在外界訊息內化的過程中，這些認知的結構與能力會影響學習的成效。他們提出一套「訊息處理論（**information processing theory**）」（如圖 1-2），來解釋認知體系產生及作用的過程；基本上，在認知產生上，外界刺激被感官所覺知（sensory register）後，保留 0.5 秒至 2 秒的時間，若未做進一步處理則遺忘，若被有限量的選擇進入短期記憶區（short term memory），可再保留 20 秒左右的時間，之後則被遺忘，但若經複誦（rehersal）、入碼（encoding）等處理，並結合長期記憶區的原有知識，則可進入長期記憶區（long term memory）永久保留。在反應作用的過程中，我們首先讀取長期記憶區的知識，送至短期記憶區中保留，再藉對身體官能的控制，表現爲外在的反應行爲。

在這架構下，米勒（Miller, 1956）證實人類短期記憶區的容量非常有限，大約只能容納七以上或以下各兩個的「組塊（**chunk**）」。這裡所謂的組塊，是指有意義的訊息片斷，如：一句名詞或只是一個數字。昆利連（Quillian）以「語意聯結網路（**semantic net**）」來解釋我們認知體系的組成與運作（Ashcraft, 1989）。他認爲：人類的認知是由許多的概念核心所組成，每個概念核心與其它相關的概念核心，透過關係來相連接，一旦某個概念核心被刺激所催動，其所相連接的其它概念核心也依序被活化（activate）。這些理論應用在教材設計上，對教材的切割組織、個別化設計課程內容、引導注意強調重點、及運用超媒體連結組織知識庫等，均有深刻的影響。

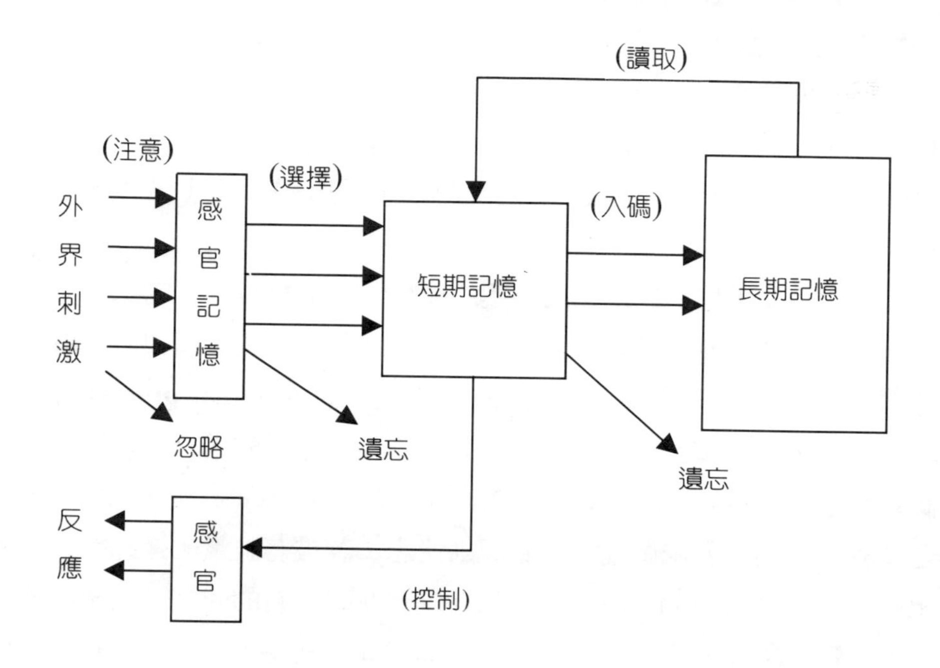

圖 1-2　訊息處理論（改自盧雪梅譯，1991）

早期認知心理學在學習過程的研究上，偏重學習者靜態的認知結構，但近年來「建構主義（**Constructivism**）」這個支派強調學習者在知識形成過程中的主動角色，以「學習者」爲中心，積極的與外界互動，選擇所要的材料，不斷的擴大（accretion）、精緻化（tuning）或重組（restructuring）自己的認知體系（Shuell, 1986）。他們認爲學習的意義是在建構知識的過程，而不是建構後的結果（Jonassen, 1991）。建構主義後來再擴展、強調學習者自周遭情境（contexts）中，汲取知識意義的重要性，與社會化學習論者有些共同的見解。建構主義對自學式教材中安排各種互動活動的設計給予強而有力的支持。

四、電腦輔助學習

電腦運用在教學上是始於一九六〇年伊利諾大學的「**PLATO**」計畫（Alessi & Trollip, 1985），當時電腦輔助教學被謳歌爲最有耐心的教師、是實現個別化教學最具威力的利器。隨著個人電腦的普及與主機能力的增強，電腦不僅是教師教學的輔助，它也轉化成爲學習者獨力自學的工具，過去不同視聽設備所傳送的課程材料，都可以數位化並整合成**多媒體（multimedia）**的資訊，存放在磁片或壓縮光碟片中。電腦不但提供超強的管理能力，而且**超媒體（hypermedia）**理論的發展，認爲人類思考的模式不是線性的，所有教材的呈現必須是跳躍式的連結，才能符合學習者學習時機動的、個別的需要。這些電腦科技帶來教學方式的改變，引發八〇年代後電腦輔助教學課程軟體（courseware）的大流行。

通信網路的發達，更改變了自學式電腦學習系統的面貌，教材不需存放在個別磁片中，而由網路主機集中管理，使用者不但多人共用資料，而且可以在線上互相討論切磋，電子郵件、網路論壇等合作式學習環境隨之成形，至今已成爲最具潛力的遠距教學方式。在「區域網路（local area network）」擴大爲「網際網路（Internet）」，數以萬計的網路主機及網站不斷提供最新的知識，一個資訊無限自由的時代將隨科技的進步而實現，而它也將對自學式教材所追求的「互動化」、「個別化」帶來更大的空間。

1. 行為主義心理學的理論對自學式教材有什麼影響？

2. 戴爾的「經驗三角錐」對自學式教材有什麼啓示？

3. 請比較說明「單管道學習」與「多管道學習」的效益？

4. 認知心理學如何解釋人類的學習過程？它對自學式教材有什麼啓示？

5. 請簡述電腦輔助學習對自學式教材發展的影響？

陸　自學式教材的製作管理

在自學式教材的特質中，我們曾提過：自學式教材的製作具有極高的挑戰性，它不但需要精密計畫、在教學之前製作完成，而且它的使用要公開接受其他教師或學習者的批判。因此，我們一定要用嚴謹、精密的「系統化教學設計模式」來規範製作的步驟，並用良好的專案管理技巧，來監控教材製作的進度與品質。

一、系統化教學設計模式

教學的系統化設計，常藉助視覺化符號來呈現其進行程序，這種符號我們稱之為「模式（Model）」。目前文獻上可查考的教學設計模式數以百計，但一般教學機構或個人仍然依賴大家所熟悉的幾種模式來修改使用；以下我們先簡介幾種著名的教學設計模式。

㈠通用模式（generic model）

「通用模式」以一線性的流程（如圖 1-3）涵括了教學設計過程中最重要的五項因素：分析、設計、發展、應用、評鑑。事實上，它是由許多教學設計者在長年累月的工作中，所歸納出來的經驗模式（Seels & Glasgow, 1990），它所列舉的五項因素是一切教學設計過程中不可或缺的考量，其中的「分析（analysis）」是考量學習者要學什麼，「設計（design）」考量學習者要怎麼學，「發展（development）」是考量如何編製材料，「應用（implementation）」是考量要如何實施教學，而「評鑑

（evaluation）」則是如何考核學習的結果。

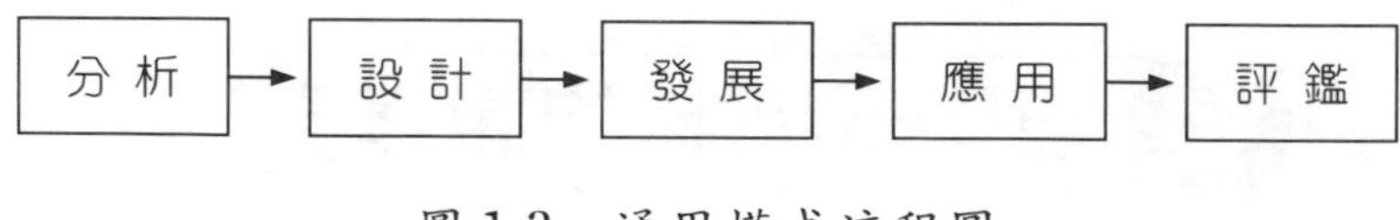

圖 1-3　通用模式流程圖

通用模式是一切教學設計模式的基礎，但由於其線性的發展流程過於簡單，所以大部分的教學設計工作者都會將之加以修改，使更適合自己的需要。

㈡教學發展局模式（IDI model）

「教學發展局模式」的流程如圖 1-4：

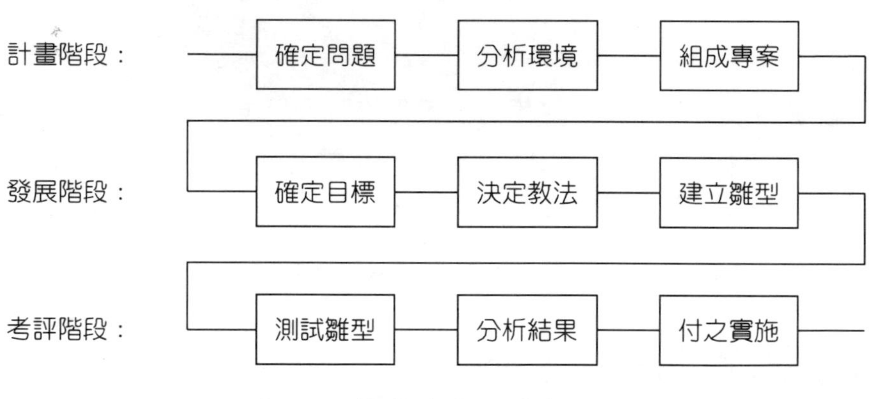

圖 1-4　教學發展局模式流程

這個模式是在七〇年代，由美國南加大、雪城大學、密西根州立大學、印地安那大學等學校所共同規範制定，並在教學發展局（Instructional Development Institute）訓練公立學校教師使用，後來推廣至全美乃至全世界四百多個以上的教育機構。教學發展局模式有三個階段：「計畫（define）」、「發展（develop）」、「考評（evaluate）」，每個階段再各含三道步驟，對教學設計的程序都規範得十分詳盡。

㈢狄克與凱瑞模式（Dick & Carey model）

「狄克與凱瑞模式」（圖 1-5）在一九七八年提出，一九八五年修正，它被美國的大學所廣為採用，做為對教學設計人員的訓練教材，它以確定教學目標為發展教材的首要工作，特別著重教學設計的實用性，在其發展過程中，都充分保留有回饋修正的考量。

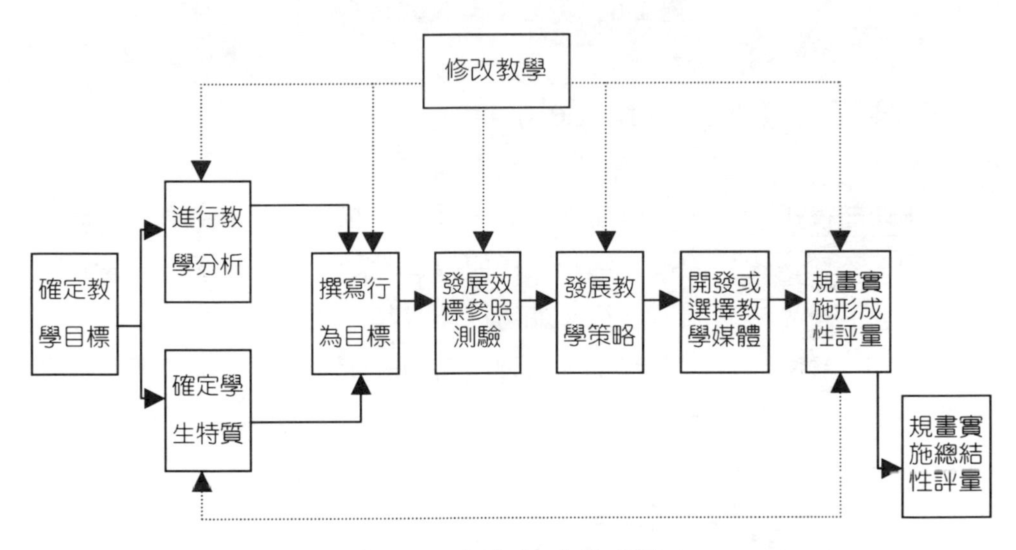

圖 1-5　狄克與凱瑞模式流程

㈣美國空軍模式（Air Force model）

美國空軍很早就採用教學設計的方法來提供軍職人員的教育訓練，他們所推展的模式因此得名；這個「美國空軍模式」（圖 1-6）主要包括有五個步驟：「分析系統需求」、「確定教育需求」、「發展目標與測驗」、「規畫、開發及檢驗教學」、及「實做及評量教學」。基本上，前一步驟的產生是下一步驟的輸入資料，但在順序執行這五項工作時，它們之間會有一些互動的影響，所以有時幾項工作須同時進行修正。

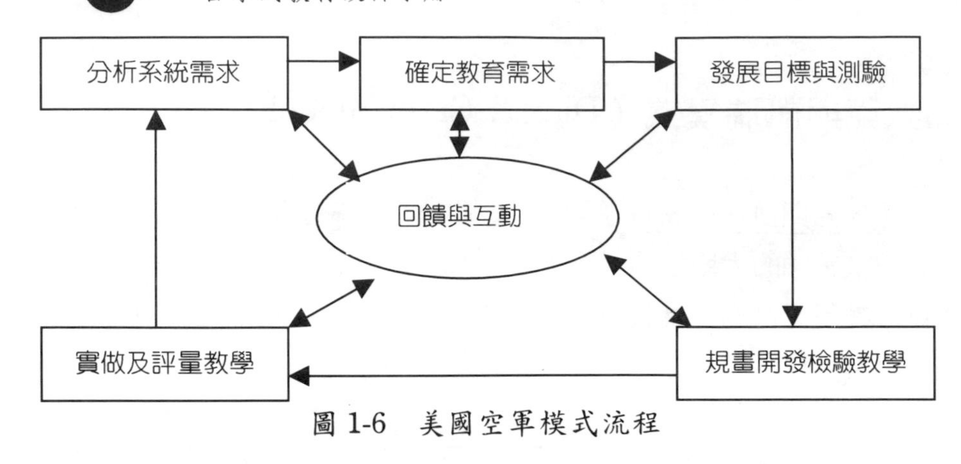

圖 1-6　美國空軍模式流程

㈤坎普模式（Kemp model）

「坎普模式」（圖 1-7）是較新的教學設計模式，它強調教學設計的過程中，不應是嚴格的線性過程，任何教學設計只要是在了解「學習的需求、目的及先後限制」之後，就可以銜接其它任何步驟。坎普模式同時也強調：教學設計的過程中，需要不斷的評量與修正，而不應是放在最後一個階段才來進行評量。

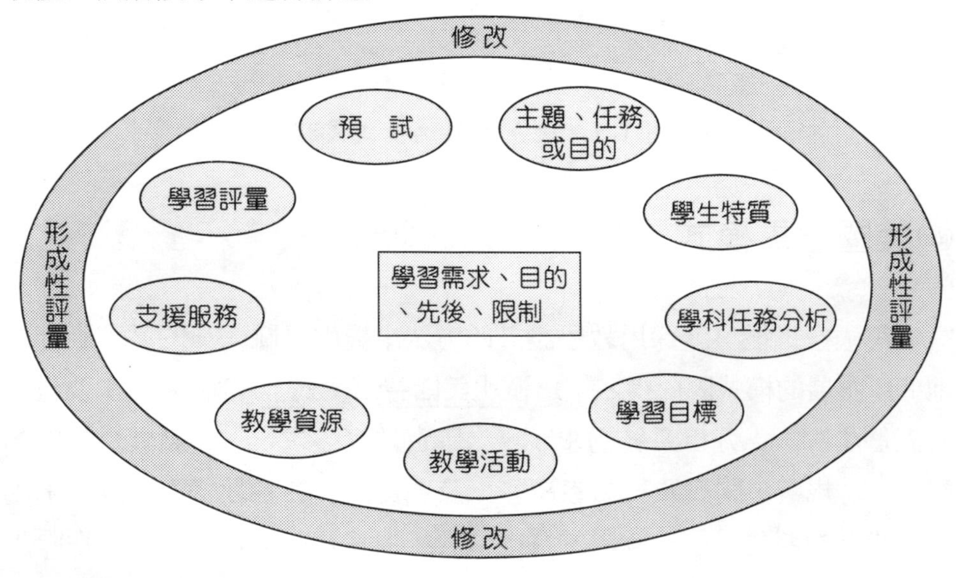

圖 1-7　坎普模式流程

二、楊氏模式（Yang's Model）

作者以前在進行多媒體教材的製作時，曾提出一套「楊氏模式」的發展階段理論，以三度空間的立體圖形，來闡述教學設計的進行。楊氏模式的流程如圖 1-8。

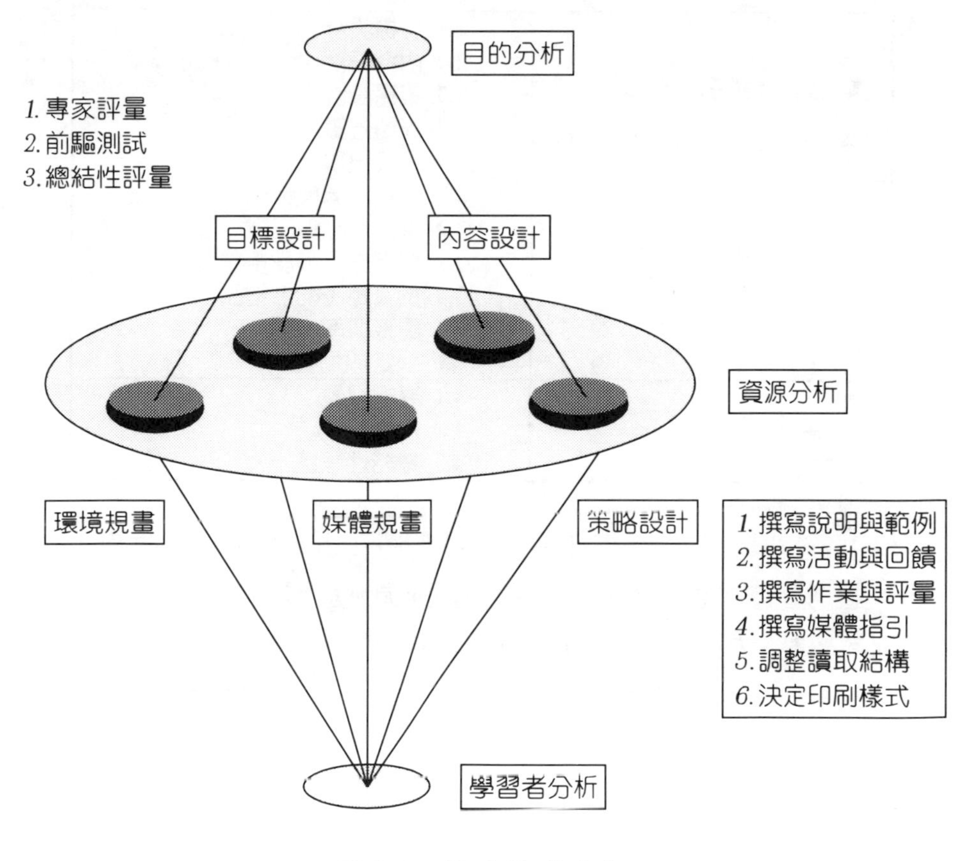

圖 1-8　楊氏模式流程

在多媒體教材的製作時，楊氏模式包括：「分析」、「發展」、「評量」三個階段，但其中發展階段又可以切割爲：「雛型設計」與「正式製作」兩個子階段。在自學式教材的製作時，我們將這些階段改名爲：

分析階段、設計（規畫）階段、發展（製作）階段及評量階段。以下我們將以這個模式來說明自學式教材開發的進行程序。

楊氏模式的四個階段中，所含的工作細目如表 1-2。

表 1-2 楊氏模式工作細目表

階段	工作細目
❶ 分析階段	1.1 學習者分析 1.2 目的分析 1.3 資源分析
❷ 設計（規畫）階段	2.1 目標設計 2.2 內容設計 2.3 策略設計 2.4 媒體規畫 2.5 環境規畫
❸ 發展（製作）階段	3.1 撰寫說明與範例 3.2 撰寫活動與回饋 3.3 撰寫作業與評量題 3.4 撰寫媒體配合指引 3.5 調整讀取結構 3.6 決定印刷樣式
❹ 評量階段	4.1 專家評量 4.2 前驅測試 4.3 總結性評量

以上各階段及其細部工作項目，我們將在下一部分設計實務中詳加說明，並列舉其注意事項。在此我們要強調：發展教材時，一定要採用某一種教學設計模式，因為這些模式會幫我們提示教材設計及製作時的程序、及過程中所須考量的重要因素，因此，它能提供較好的進度掌握與品質控制。

三、專案管理

在選用一套教學模式外，由於自學式教材的製作費時、費力，必須要多人、長時間的共同努力，才能完成教材的開發；因此，我們需要一套專案管理的方法，來協調人力的運用、控制開發工作的進度，並監督教材製作的品質。

㈠人力管理

教材開發專案的各項管理工作中，最重要的就是「人力的管理」與「進度的管理」。人力的管理上，首先要考量的就是開發工作的類別，到底需要些什麼專才的人力來完成教材的製作工作；其次要考量是要由一個人單獨來完成所有教材的製作工作，還是要組成一個「團隊（team）」來一起完成；最後，我們要規畫出一套程序表來安排人力的運用。

自學式教材的製作開發，其工作角色一般可以區分爲：僱主、專案經理、教學設計專家、課程專家、媒體專家、美工設計人員、評量人員、文書編輯人員及後勤支援人員等九類角色，這些角色的工作責任說明如表 1-3。

儘管教材開發工作的角色繁多，但這些角色不一定要由不同的人來擔任，可能某個角色要由好幾個人來共同完成，但也可能某個人可以同時擔負好幾個角色。在教材製作專案進行的過程中，就有所謂「獨行俠」或「團隊」等兩種不同的製作方式。它們各有利弊，適用在不同性質的專案或不同的角色人格中。

我們可以參考表 1-4，該表分析一個人獨力製作教材或團隊製作教材的優缺點，做爲決定製作人力的參考。

如果教材專案決定採用團隊的方式來製作，那麼我們需要一套程序表（如表 1-5）來安排人力的有效運用；這個程序表中，每一橫行代表一項教材發展的工作項目，而每一縱列則代表製作人員的一個角色；假如行與列的交叉點有一個大寫的「P」字，那麼這表示縱列上的角色，要對橫行上的活動負「主要的責任 （Primary responsibility）」。假如在行與列的交叉點是小寫的「s」，那麼這表示縱列的角色要參與橫行的活動，但僅負「次要的責任（secondary responsibility）」。

表 1-3 教材開發團隊工作責任表

角色	工作責任
1. 僱主	他們是支持教材製作或最終使用教材的人，專案最後的成果，必須要符合他們的需求。他們的主要責任是提供需求給發展人員，他們必須能夠明確的表達對教材的期望，並確認開發階段成果或解釋不認可的原因。
2. 專案經理	專案經理負專案的成敗責任，為了能有效的完成此一責任，他必須要能與僱主做良好的溝通，專案進行中，他們需擬具切實可行的時程表、控制進度與預算、並協調成員間的合作。
3. 教學設計專家	教學設計專家要能深切的了解教學理論及教材應用的環境，他們的責任是基於教學目的、學習者特質及使用資源的分析，規畫教材的系統結構，他們建議教學的策略，並且與課程專家合作，將課程知識改編為適合學生學習的教學內容。
4. 課程專家	課程專家是學科的專家，他們將學科知識以適當的方式表達出來。在教材的製作中，課程專家提供了最正確、最新的知識素材，以滿足教育的需求。
5. 媒體專家	他們是媒體製作的專家，在教材的製作專案中，他們主要擔負各項配合媒體的製作，因此，他們對各項媒體的長短處及應用的方式，都要有相當的經驗。
6. 美工設計人員	美工人員依據課程內容的性質，設計製作教材所需要的插圖，他們要能掌握圖片在協助了解課程內容及維持學生動機上的功能。
7. 評量人員	他們是教材及教學方面的專家，為了能有效的評估教材的品質，他們也要對使用者的特質有深入的了解，並保持客觀與公正的立場。
8. 文書編輯人員	文書編輯人員針對已撰述完畢的課程內容，提供並執行文字上的校對、結構上的調整、及印刷包裝上的建議。
9. 後勤支援人員	後勤人員從事文書處理、工作記錄、會議準備、文件遞送及其它有關資料管理工作等一切雜務。

表 1-4 獨力製作與團隊製作的比較

	獨力製作教材	團隊製作教材
優點	1. 不須浪費時間與力氣在協調上，在短時間完成小型的教材開發專案。 2. 完成的教材其一致性極高。 3. 個人決定成敗，不會推諉責任。 4. 短期間內的工作意願較強。 5. 課程內容的完整性較好，各章節的份量比重也較勻稱。	1. 成員間可互相支援，截長補短。 2. 大家分擔工作，份量不致太重。 3. 群策群力，可在較短時間內完成大型計畫。 4. 能相互激勵，發揮個人最大潛能。
缺點	1. 有時會墮入自己的主觀中。 2. 工作容易疲倦，覺得孤獨無助。 3. 可能無法處理某些特定的工作。 4. 無法承擔費時長久的大型工作。	1. 浪費時間在太多的討論、協調、等待或爭吵之中。 2. 完成的教材其協調性可能很差。 3. 團隊工作可能會互相推諉責任。 4. 課程內容的比例可能輕重不一。

表 1-5 人力程序表

	僱主	專案經理	教學設計	課程專家	媒體專家	美工設計	評量人員	文書編輯	後勤支援
分析階段：									
1.學習者分析	s	P	s	s					s
2.目的分析	s	P	s	s					s
3.資源分析	s	P	s	s	s				s
設計階段：									
1.目標設計			P	P					s
2.內容設計			s	P					s
3.策略設計			P	s					s
4.媒體規畫	s		P	s	P				s
5.環境規畫	s		P	s	s				s
發展階段：									
1.撰寫說明與範例			s	P		s			s
2.撰寫活動與回饋			P	P		s			s
3.撰寫作業與評量			P	P					s
4.撰寫媒體指引			P	s	P	s		s	s
5.調整讀取結構			P	P		s		s	s
6.決定印刷樣式	s		s	s		s		P	s
評量階段：									
1.專家評量	s	P	s	s			P		s
2.前驅測試	s	P	s	s					s
3.總結性評量	s	P	s	s					

㈡進度管理

在控管專案的進行上，一般我們會採用「甘特圖（**gantt chart**）」的方式來呈現；甘特圖是以時間爲縱軸，以工作項目爲橫軸，在某一個工作項目所發生的時間內，我們以「*」來表示工作期間，以「^」來表示監控點，如果實際工作期長超過監控點，那麼監控點後的工作項目將受影響而導致進度落後。我們以一假想課程，用甘特圖來描繪楊氏模式的工作進度如表 1-6。

1. 請建立一套自己的系統化教材發展模式，並與朋友一起討論。

2. 請假想一個開發課程教材的情境，並繪出你的工作進度甘特圖。

表 1-6　工作進度甘特圖

	第1月	第2月	第3月	第4月	第5月	第6月	第7月	第8月	第9月	第10月
分析階段：10%										
1.學習者分析	****^									
2.目的分析	****^									
3.資源分析	****^									
設計階段：20%										
1.目標設計		****	****^							
2.內容設計		****	****^							
3.策略設計		****	****^							
4.媒體規畫		****	****^							
5.環境規畫		****	****^							
發展階段：40%										
1.撰寫說明與範例				****	****^					
2.撰寫活動與回饋					****	****^				
3.撰寫作業與評量					****	****^				
4.撰寫媒體指引						****	****^			
5.調整讀取結構							****^			
6.決定印刷樣式							****^			
評量階段：30%										
1.專家評量								****	****^	
2.前驅測試									****	****^
3.總結性評量								課程完成後進行		

第二部分

設計實務

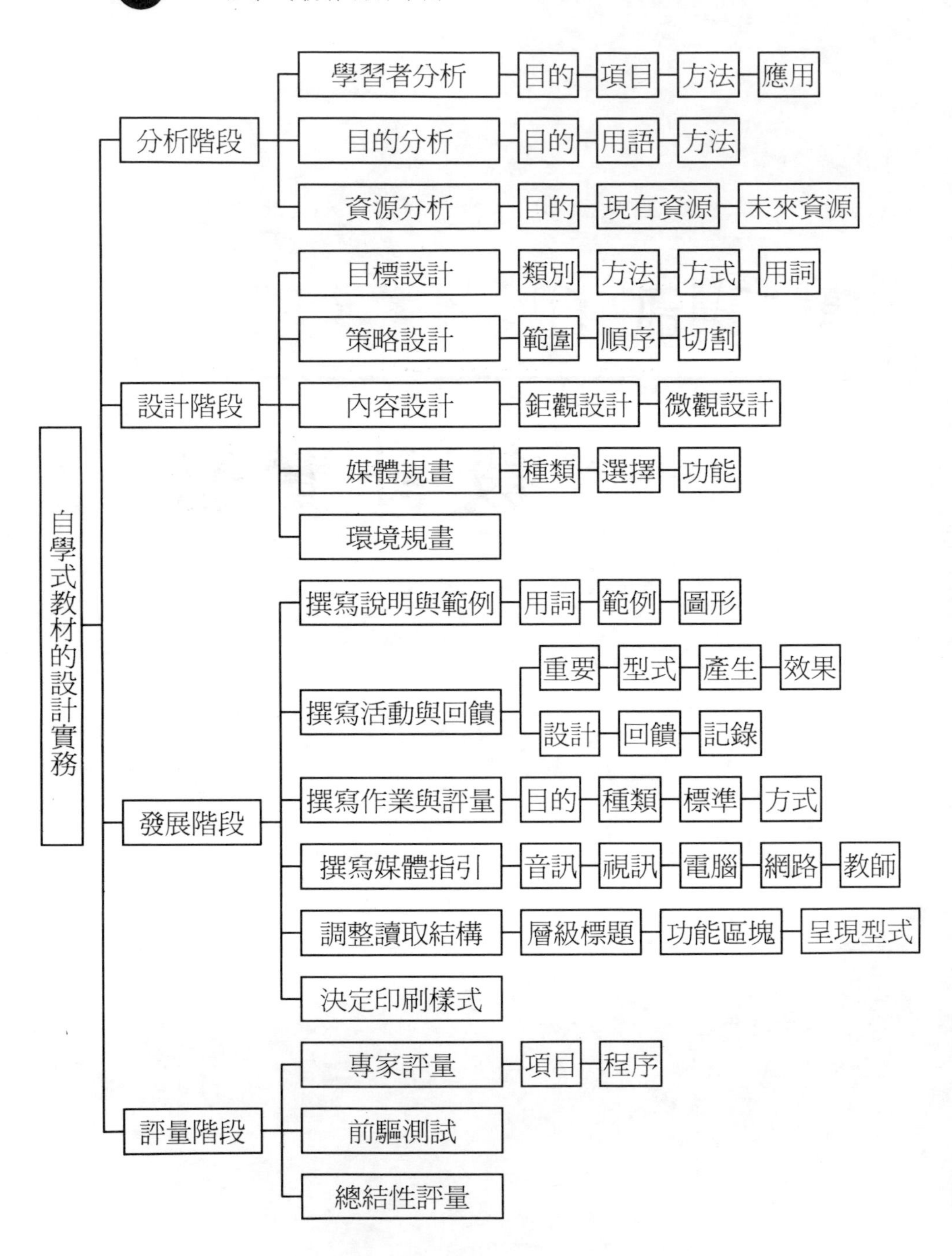
自學式教材的設計實務
分析階段
學習者分析
目的
項目
方法
應用
目的分析
目的
用語
方法
資源分析
目的
現有資源
未來資源
設計階段
目標設計
類別
方法
方式
用詞
策略設計
範圍
順序
切割
內容設計
鉅觀設計
微觀設計
媒體規畫
種類
選擇
功能
環境規畫
發展階段
撰寫說明與範例
用詞
範例
圖形
撰寫活動與回饋
重要
型式
產生
效果
設計
回饋
記錄
撰寫作業與評量
目的
種類
標準
方式
撰寫媒體指引
音訊
視訊
電腦
網路
教師
調整讀取結構
層級標題
功能區塊
呈現型式
決定印刷樣式
評量階段
專家評量
項目
程序
前驅測試
總結性評量

對教材設計的理論有了基本的了解後，接著我們將運用楊氏模式，以「文字教材」爲例，來探討自學式教材的製作過程。

壹　分析階段

任何教學活動的進行，都必須以學習者的現況爲起點，運用可能的教學資源，來協助他們達成學習的目的；因此，在教材設計的分析階段中，我們必須針對這樣的教學過程進行分析，這項分析活動包括了：「學習者分析」、「目的分析」、「資源分析」三項工作。這些工作的主要目的，就是要很清楚、很明確的去了解自學式教材製作的背景條件，勾勒出學習者的特質、教材所要達成的使命、開發及未來使用時會有些什麼可用的資源或限制的因素等。

這三項分析工作的進行，並沒有一定的先後順序，教材製作人員可以一個個逐序進行這些分析工作，也可以三個工作齊頭並進；重要的是，我們一定要明確的分析出這些背景因素後，才能有效的進行以後設計及發展階段的工作。

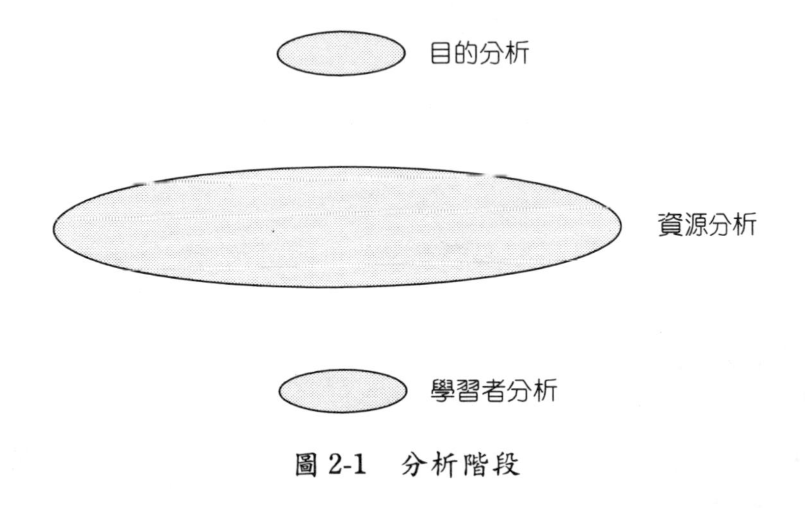

圖 2-1　分析階段

1. 在進行教材的設計前，我們需要哪些資訊？這些資訊對我們的教材設計有什麼幫助？

2. 你會以怎樣的順序來進行教材設計前的分析工作？

一、學習者分析

「學習者分析」就是要去調查、分析教材可能的使用者，並依據這些學習者的特質擬定相對應的編製教材的參考原則。一般在製作教材時，教材作者最常犯的錯誤之一，就是儘可能的提供最詳細或最高深的知識，要教材的使用者感受到作者的博學多能；這情形有些類似我們中國人請吃飯，爲了表示主人的好客，總要爲客人挾滿飯菜，不管客人吃不吃得下、或喜不喜歡吃，弄到最後，主人傷財、客人傷胃，請客吃飯的美意全部付諸流水了。

教材的設計，若要避開設計者、使用者兩敗俱傷的下場，就一定要先做好學習者的分析工作，以下我們就：分析的目的、分析的資料項目、分析的方法及分析結果的應用四方面來說明。

(一)學習者分析的目的

若對學習者的特質能了然於胸，則對我們的教材設計會有以下幾項重大的貢獻：

1. 了解學習者的需要與期望，能依此規畫學習的目的，並激發學習的動機。
2. 了解學習者的學業背景及學習準備度，可以建立適當的教學起點。
3. 了解學習者的學習傾向與習慣，能由此選擇適合的教材教法。
4. 了解學習者的能力，以此建立適當的評量方式，可以避免不必要的挫折，使學習者得著成就的滿足。

(二)分析的資料項目

學習者分析工作所要調查的資料項目可以分為：基本資料、學科背景及學習傾向三方面。

1. 基本資料

年齡、性別、職業、學經歷、婚姻狀況、經濟能力、散佈地點、有無殘障困難等項目。

2. 學科背景

所屬科系、已修課程、目前選讀科目、未來選修課程、學業成績、語文能力、選課人數等資料。

3. 學習傾向

學習方式、過去學習經驗、興趣或專長、可學習時間、對課程的期望、課程與工作關係、有無特定學習設備等資料。

㈢進行學習者分析的方法

對學習者進行分析的方法因環境而異，但下列爲幾種常用而且簡易可行的方法：

1. 從學校的學生統計資料彙編中查詢。
2. 向以前任教本科目或相關科目的教師請教。
3. 向可能修課的學生發出問卷做調查。
4. 找幾個未來將修課的學生做詳細的晤談。
5. 回想自己過去接觸過的學生背景。

㈣分析結果的應用

利用所得到的分析資料，我們可以建立一份教材製作時應注意的參考原則，這個參考原則可以是文字敘述的型式、或以表格型式來呈現。以國立空中大學民國八十九年重開「電子計算機概論」爲例，針對民國八十七年選修相同課程「電子計算機概論」之學生數 3013 人進行統計資料分析，其結果應用表例如表 2-1。

表 2-1 學習者特質分析與應用

學習者的特質	教材製作時應注意的原則
性別分佈中， 女為 1864 人 男為 1149 人	學生性別中，女多於男，因此，在教材中應多增加一些女性的工作經驗探討。
年齡分佈中： 25 歲以下有 469 人 25 至 35 歲有 1260 人 36 至 45 歲有 947 人 46 歲以上有 337 人	1. 超過 10%的學生年齡層高過 45 歲，所以課程內容不要太過於強調記憶。 2. 教材份量不要太重，大半學生都有工作的壓力。 3. 36 歲以上的學生約佔 40%，他們過去恐怕沒有多少電腦的學習經驗。
職業分佈中， 公教：611 人 商：729 人 工：516 人 服務業：415 人 農：24 人 自由業：125 人 家庭管理：254 人 無業：98 人 其它：241 人	學生群中以：公教、商、工及服務業為主體，正是目前國內進行資訊化腳步最積極的族群，課程中可以多舉一些政府的政策及商業機構資訊化的範例。
家庭婚姻狀況中， 已婚 1606 人 未婚 1378 人 未填答者 29 人	一半以上的學生已婚，學習過程中恐有相當的家庭壓力，特別是電腦實習會影響家庭相處時間，應儘量縮短。
學歷分佈中， 初中以下 41 人 高中 756 人 高職 1314 人 專科 811 人 大學 58 人 研究所 3 人 其它 30 人	大體上，學歷背景尚佳，基礎數學、邏輯觀念應能接受，但本課程是資訊類科課程中的最基礎的學科，在學系課程規畫內未列有先修課程，應以簡要、多舉例方式來編寫。
成績分佈中， 棄考者：723 人 30 分以下：433 人 59 分以下：520 人 79 分以下：1051 人 80 分以上：286 人	棄考者四分之一，不及格又佔四分之一，不到一半的人及格，顯示學生挫折感相當重，應從課程內容的指導上著手，用簡易文句表達，並多舉實例，提高內容的可了解度。

1. 進行教材設計時，所需要了解學習者的特質資料有哪些？

2. 你會用什麼方法來進行學習者的分析？

3. 請設計一份問卷來調查學習者的背景資料？

4. 學習者分析後的結果要如何用到以後的教材設計工作上？

二、目的分析

教學目的與教學目標都是用來說明教材所要協助學習者達成的改變，但「目的（goal）」是一般性、廣泛、較抽象的描述，而「目標（objective）」則是特定的、狹隘、具體的說明。在教材的使用中，目的常用來表明整個課程所要完成的使命，而目標則是一個小單元中所要實現的具體成果。

在目前的分析階段中，我們必須針對整個課程（或教材）在學系宗旨下所要實現的使命，做一清楚的探究，了解這門課程負有何種「承先啓後」的任務、是不是能滿足某種學習的需求或解決特定的問題；這種目的的分析結果，可以用來不斷的檢核教材的設計是否能達成其所應完成的任務。

(一)目的分析的貢獻

進行目的分析，明確、清楚的了解課程所要完成的任務後，對我們的教材設計將有以下的貢獻：

1. 清楚的課程目的，可以做爲課程間互相協調、共建知識體系的橋樑。
2. 目的可以協助學習者建立合理的期望與抱負水平。
3. 目的能導引學習者的興趣及努力的方向。
4. 目的可以做爲勾勒教材範圍的參考。
5. 目的可以做爲設計學習目標及評量題目的依據。

(二)描述目的的用語

由於目的與目標所要表述學習成果的性質不同，因此，目的與目標在敘述中所用的動詞顯然不同，目的的敘述傾向於使用：理解、明白、熟悉、成爲、相信、體會、感謝、掌握……等較爲抽象的用語。

而目標的敘述傾向於使用：指出、舉例、選擇、展示、繪圖、分辨、分析、比較、進行……等較具體的用語。

㈢目的分析的方法

教材的目的分析，就是要指明學習者在課程學習後所要完備的能力。目的分析的進行主要有兩種做法：「學科取向」或「學習者取向」。

1. 學科取向（subject-oriented approach）的目的分析

「學科取向」的目的分析是以這門學科的知識體系爲考量，列舉本學科中知識的條目，並轉化爲教材所要達成的目的。以「電子計算機概論」這門課程爲例，它的內容應包括：資訊社會的描述、電腦硬體介紹、資訊軟體介紹、資料組織、電腦網路等課題，所以其中一個教材目的就可以敘述爲：

「在使用過本教材後，學習者將能明白電腦硬體的組成結構。」

2. 學習者取向（learner-oriented approach）的目的分析

「學習者取向」的目的分析，是以滿足或解決學習者所面臨的需求與問題爲考量。它要了解爲什麼要有這門課程？學校、家長、僱主乃至學習者本人對課程有何種期望？是要爲進一步修習高階課程打下基礎？還是爲解決實際工作上的困難問題呢？依據對需要或問題的了解，再來規畫教材所要實現的目的。同樣以「電子計算機概論」這門課程爲例，如果它是在一般人文學或社會科學的系科所開設的課程，那麼它的目的是要爲現代公民提供一般性的資訊常識，而不是爲進階電腦課程如：資料結構、系統程式等打下基礎；目的不同，未來設計其內容時也會大不相同。

以上兩種方法，各有其適用的背景與時機，我們可以兼容並蓄，一方面回歸到課程內容的體系與功能，一方面了解學系課程的架構、學習者的素質、相關人員的期望等，由這些因素綜合來定義出周全的教材目的。

1. 在教育專業上，「目的」與「目標」有什麼不同？請列舉一些用語來說明兩者之間的差異。

2. 進行目的分析的方法有哪些？

三、資源分析

「資源（resources）分析」又被稱爲「限制條件（constraints）分析」，事實上，如果我們有了相當良好、充分的人力、物力、時間、空間等條件，那它們就成爲資源，否則就變爲限制，兩者是一體的兩面。

在本階段中，資源分析的工作項目有兩類，其一是了解、分析市面上是否有可以直接採用或可經修改後使用的教材，以決定是否要重新開發教材，其二是分析未來學習者使用教材時，所將可能擁有的資源環境。審慎、細心的分析這些資源，才能經濟（efficient）、有效（effective）的發揮我們所設計教材的價值。

㈠教材資源分析的目的

教材的開發是一件費時、費力、費錢的工作，在最後決定投入自行製作教材的工作前，最好能考量一下市面上現有的教材是否有可供直接採用的教材資源？萬一沒有完全滿意的教材，下一步要考量是否有品質還不錯，但需要略加修改內容或改變設計的教材？如果找到這些可用的現成教材，將為我們節省大筆的開銷，達到經濟的目的。

一旦都沒有這些可用的資源，我們才決定採用完全自製的策略。但不管是局部修改教材的部分內容或全部自製，我們要了解手中能掌握的開發資源，以及未來學習者使用教材時所必須規畫的學習環境，精確的掌握這些資訊，未來才能完成良好的教材設計，有效提昇學習成效。

㈡現有教材資源的分析

在調查現有教材資源上，我們主要了解的項目有：哪些地方可以找到相關資源？有無現成教材可供直接使用？現成教材有無可能在修改後使用？需不需要另加教學手冊？等。

1. 在對現有教材做市場資源調查時，我們可以從以下幾個管道去找尋：
   ⑴書局：找尋書局出版品目錄。
   ⑵圖書館：館中收藏的教材圖書。
   ⑶訪問本領域的名人專家：由他們成功的經驗中去發現有用的資源。
   ⑷同業教師：從他們所使用過的資源中去發掘。
   ⑸網路上搜尋：現在網路上幾乎任何組織化的資料都可以找到。
2. 在對現成教材的分析評量上（參見表 2-2），我們考慮的因素包括：
   ⑴學習者條件：現成教材是否適合學習者經驗、先修課程知識、學習技巧、態度等各方面的條件。

表 2-2 現有教材資源評量表

現有教材資源評量表					
	極同意	同意	無意見	不同意	極不同意
❶ 學習條件：					
適合學習者的經驗	1	2	3	4	5
適合學習者的學習技巧	1	2	3	4	5
❷ 學習目的：					
明確的表達出學習目的	1	2	3	4	5
合乎課程目的的規畫	1	2	3	4	5
與學習者需求相關	1	2	3	4	5
❸ 學習份量：					
配合課程的學分數	1	2	3	4	5
配合學生的學習時間量	1	2	3	4	5
❹ 內容廣度：					
涵括教學目的所需的重要內容	1	2	3	4	5
教材組織順序合理	1	2	3	4	5
教材章節份量平衡	1	2	3	4	5
❺ 內容難易度：					
用詞簡單清楚	1	2	3	4	5
內容新穎精確	1	2	3	4	5
舉例插圖得當	1	2	3	4	5
❻ 教學指引：					
有教學互動	1	2	3	4	5
教材的教學方式恰當	1	2	3	4	5
重點強調清楚	1	2	3	4	5
有提供練習、參考答案、回饋	1	2	3	4	5
❼ 價格：					
比同性質的教材價格合理	1	2	3	4	5
學習者能接受現成教材的價格	1	2	3	4	5
❽ 方便性：					
未來使用時能有適當的學習環境	1	2	3	4	5
教材適合攜帶	1	2	3	4	5
教材包裝美觀	1	2	3	4	5
教材包裝耐用	1	2	3	4	5
整體意見：					

⑵學習目的：現成教材是否合乎整體課程目的的規畫？與學習者需求相關？目的是否明確的表達出來？

⑶學習份量：現成教材能否配合教材的學分數、學習時間需求等條件。

⑷內容廣度：現成教材有沒有涵括教學目的所需的重要內容？教材組織順序是否合理？各章節份量是否平衡？

⑸內容難易度：現成教材是否用詞簡單清楚？內容新穎精確？舉例插圖是否得當？

⑹教學指引：現成教材的教學方式恰當否？有無教學互動？重點強調清楚嗎？有沒有提供練習、參考答案、回饋等？

⑺價格：比別種同性質的教材要貴嗎？學習者能接受現成教材的價格嗎？

⑻方便性：未來使用時，有適當的學習環境嗎？現成教材適合攜帶嗎？包裝美觀、耐用嗎？

3. 開發教材時的考量因素：如果以上對現有教材資源的分析，發現必須修改現有教材，甚或重新開發教材，那麼我們要考量以下因素：

⑴有多少人能參與教材的開發工作？

⑵這些人員將有多少時間來工作？

⑶什麼時候必須完成教材的開發？

⑷需要花費多少經費？

⑸有無其它人力可供諮詢或支援？

⑹未來會有多少人購買教材？

㈢未來教材使用時的資源分析

不管是採用現行教材或重新開發，我們都必須分析未來使用教材時學習者所需要及所可能擁有的資源，我們要了解：

1. 教材將售價多少？
2. 教材將佔多少學分（學習時間）？
3. 教材有無要求實際操作？

4.學習者會有什麼樣的學習環境（班級大小、設備）？

5.教師或學習者將如何使用這種教材？

6.學校或家中可能提供何種學習支援（圖書館、網路討論、補充教材、課業研習班）？

7.學習者會如何使用這種教材？

在進行以上資源分析時，我們可以使用一般資料蒐集的技巧，如：參閱文件、問卷調查、個別晤談、觀察法、經驗回溯等；但最終要仿學習者分析的結果，寫成報告文件，以具體的事實發現，做爲未來進行其它設計工作時的參考。

1.資源分析的工作項目有哪些？

2.請挑選一本現成的大學用書，並分析它是否適用為自學式的教材。

3.請假想一門課程，並分析它可能的教學資源或限制？

貳 設計階段

教材製作的第二個階段是設計階段，它包括了五項工作：「目標設計」、「內容設計」、「策略設計」、「媒體規畫」，以及「環境規畫」。這些工作的進行是以分析階段的結果為基礎，教材製作人員不可以任意扭曲、修改這些背景資訊，如果這些資訊不夠充足或不妥當，不足以進行教材的設計，那麼製作人員必須重做分析階段的工作，以得到設計過程所需要的基礎資訊。

本階段工作的主要目的，是要依據分析階段的結果，規畫教材製作的草圖或大綱；任何正式教材的製作，都不會是一項費時幾天的小工程，如果沒有事前良好的規畫，直接進入撰寫或製作的細部階段，一旦完成後發現內容不適合、比例份量不均勻、或是書寫方向不正確，這時再做修改或放棄重做，其時間與精力的浪費將是難以承受的沈重。因此，在大規模、正式著手進行細部的撰寫製作階段前，我們要先有設計的工作，來勾勒未來製作發展的藍圖。

設計階段的各項工作，如同分析階段的工作般，可以一個個分別進行，也可以同時間一起進行，在從事這些工作時，並沒有一定的先後順序。由於所有的工作都相互關聯，因此，從事任一工作的設計時，不能不考慮到其它工作的影響；有時，由於設計某一項工作所產生的連帶影響，其它工作必須配合著一起修改，因此，除非所有的設計工作都已完成，否則任一項工作都可能因為別的工作的影響，而必須再做改變。

除此以外，在整個設計階段中，我們還必須要不斷的進行「形成性評量（**formative evaluation**）」，以確保品質。形成性評量是在產品未完成推出前，為及早發現問題而進行的評估活動；在本階段中，我們可以採用邀請教材設計專家、教育界中工作伙伴或由可能的學習者，配合工作的需要來分別進行階段性的評估。

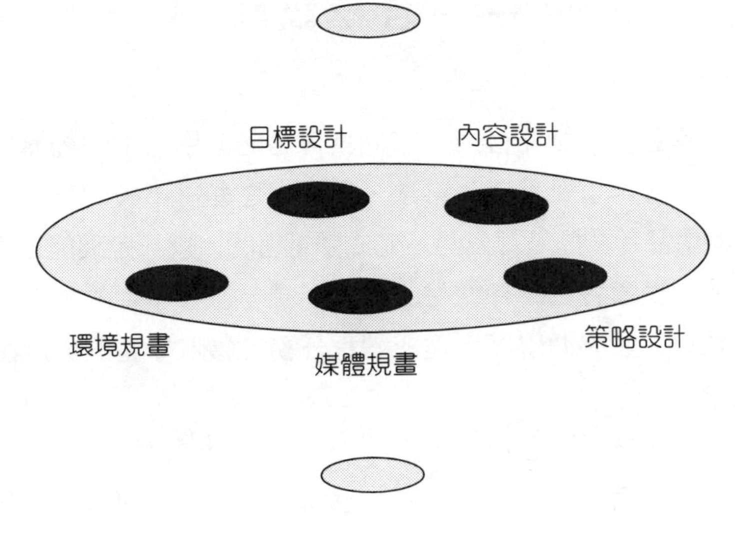

圖 2-2 設計階段

1. 有了教材設計所需的資訊後，你要如何著手進行教材的設計？

2. 什麼是「形成性評量」？要如何進行形成性評量呢？

一、目標設計

目標是學習者的終點行為，它們就像是茫茫學海中的羅盤，指引學習者努力的方向，這雖是老生常談，但卻也是顛撲不破的真理。自學式教材要協助學習者掌握學習方向、完成學習目的，就一定要能以清楚的、具體的敘述，表達各個單元教材的學習目標，激發學習的動機，引導學習者的注意力，並協助學習者達成課程任務，獲取學習的成就感與持續學習的意願。

此外，在教材設計過程中，先訂出明確的學習目標，除了可以牽引出內容綱目及評量題目外，它還可以協助我們判定如何選用不同的資訊表達方式或不同的媒體，以充分表達知識的意義，達成特定的目標。

(一)目標的類別

在設定目標的種類上，依教材內容的性質，可以區分為：「認知（cognitive domain）」、「情意（affective domain）」、及「技能（psychomotor domain）」三類目標。認知目標大部分涉及知識體系的建立；情意目標較屬於情感或道德價值領域；而技能目標則以肢體的控制為主。在每類目標下，又依其層次的高低，可以定出不同的學習成果。以認知目標來說，它可以分為：記憶（knowledge）、理解（comprehension）、應用（application）、分析（analysis）、綜合（synthesis）、及價值判斷（evaluation）等六個層次（Bloom, 1956）；情意目標可以分為：感知（receiving）、回應（responding）、珍視（valuing）、組成觀念（organization）、內化特質（characterization by value）等五個層次（Krathwohl, 1964），而技能目標可以分為：反射動作（reflex movements）、基本動作（basic fundamental movement）、協調動作（perceptual）、體能活動

（physical activities）、技巧運動（skilled movements）、統整表達（non-discursive communication）等六個層次（Harrow, 1972）。

訂定學習目標固然不可一時好高騖遠，只管高層次目標，沒有基礎性的低層次目標，但若爲遷就學生要求或社會壓力，只是規畫低層次目標，將無法產生有價值的學習。我國過去塡鴨式教學或各級學校聯招，就是只規畫「記憶」層次的學習或評量，以避免教學的困難及評分的爭議，但沒有高層次目標的教學，其學習結果將是空的，無法造就真正的人才。高、低層次目標平衡、兼顧，並由低層次目標導向高層次目標，才能產生有效的學習。

㈡目標的設計方法

目標是目的（或任務）中的細項，分析目標所依據的理論以甘葉（Gagne）所倡導的**「累積學習論（Cumulative Learning Theory）」**最爲著名。甘葉認爲：一個人會擁有某項能力，必定要先擁有一些其它的基礎能力，因此，我們可以從任一個指定的學習目標往後推演，得著它所必須先學會的基礎知識。如果有必要的話，這種倒推的工作，可以一直追溯到最簡單的名詞與事物間的命名關係。當這種分析工作完成時，它的分析結果，就是我們所需的學習地圖了（楊家興，民 80）。

累積學習論建議將所要達成的最終任務，分解成一系列的元素任務（component task），而這些元素任務有一種層次順序的關係，低階層的任務必須先精通後，才能過渡到高階層的學習。這種程序的界定被稱爲**「學習階層的分析（learning hierarchy analysis）」**。

在教材的設計上，當從事目標的分析工作時，以所依據的背景因素一般可以分爲兩類做法：

1. 課程目的導向的目標分析

目標的設定，可以導引教材內容的分析，也可以做爲設計評量題目的參考；從理論上看，我們在決定教學的目標時，應該以課程的目的爲中心，往下抽絲剝繭做成細部目標的分析設計。以教學分析的術語來說，「課程目的」是我們較大、較完整的「終極目標（**terminate objective**）」，而「單元目標」則是較細微、階段性的「支援目標（**enabling objective**）」，用來奠定實現終極目標的基礎。

2. 學科知識導向的目標分析

一般教師在決定開設課程後，爲了教材設計的方便，往往直接以學科的知識體系爲核心來設計目標，他們列舉學科知識的大綱及其附屬的條目，並依據對學習者及資源分析的結果來轉換、調整成爲學習目標的設計。

不管目標的設計是採用前述「課程目的導向」或「學科知識導向」兩種方式中的哪一種，它必須與「內容設計」的工作交叉互動，有時先決定目標再依此規畫內容項目，又有時要依內容項目再來定出目標，兩者互爲影響，要到兩者均告完成，才能結束目標與內容這兩項的設計工作。

㈢目標的撰寫方式

目標有不同的種類外，它的表達方式與「目的」的寫法也不相同。由於目標是針對課程教學中較小的範圍做具體的陳述，因此其撰寫方式要非常明確；許多學者對目標的撰寫原則有不同的主張，但以「ABCD」模式的行爲目標敘述方式（UCIDT, 1968）最是簡明易用，可爲自學式教材的圭臬。

這種「**ABCD**」模式的目標敘述方式，包括：「對象（Audience）」、「行爲（Behavior）」、「條件（Condition）」及「程度（Degree）」四種元素，對象是明確的指明學習者，而不是教師；行爲是指要做出具體、可觀察的動作；條件是指表現行爲時所處的情境，如：在三分鐘內完成某一項工作；而程度則是指行爲所要達到的標準，如：**80%**的及格率等。

根據這些原則，我們可以試舉一例說明如下：

「學習者能利用 PowerPoint 程式，製作出一個包含聲音、動畫且能自動執行的簡報軟體。」

這個例子中，對象是「學習者」，行爲是「製作簡報軟體」，條件是「利用PowerPoint程式」，程度是「包含聲音、動畫且能自動執行」。

㈣目標的撰寫用詞

由於認知是課程教學中最主要的項目，而且也是比較能具體考評的項目，因此，我們以認知目標爲對象，詳細說明其思考性質及撰寫的用詞型式。

1.記憶層次目標

這個層次的學習目標是要學習者能記憶、複述教材中所呈現的內容。這項目標常用的動詞有：回憶、辨識、背誦等。

2.理解層次目標

這個層次的學習目標是要學習者能了解、反省教材單元中的知識內容。這項目標常用的動詞有：解釋、說明等。

3.應用層次目標

應用層次的目標是要學習者將抽象理論的了解，應用在日常生活的情境中。這項目標常用的動詞有：應用、繪製、製作、解決等。

4.分析層次目標

分析的學習目標是要學習者將教材所呈現的原理、法則加以分解，成爲更細緻的元素，並明白這些元素之間的關係。這項目標常用的動詞有：區分、分析、重組等。

5. 綜合層次目標

這個層次的學習目標，主要是整理、歸納教材中所呈現的內容元素，以建立完整的或更高層次的知識。這項目標常用的動詞有：計畫、設計、組成等。

6. 價值判斷層次目標

這類學習目標的層次最高，它要學習者對概念、方法或成品等，權衡其價值的輕重，做一選擇性的判斷。這項目標常用的動詞有：決定、辨明、排列高低等。

1. 學習目標有哪些種類？它們又各有哪些層次？

2. 教材目標的分析有哪兩種不同的方法取向？

3. 試以「ABCD」模式，為本節撰寫學習目標。

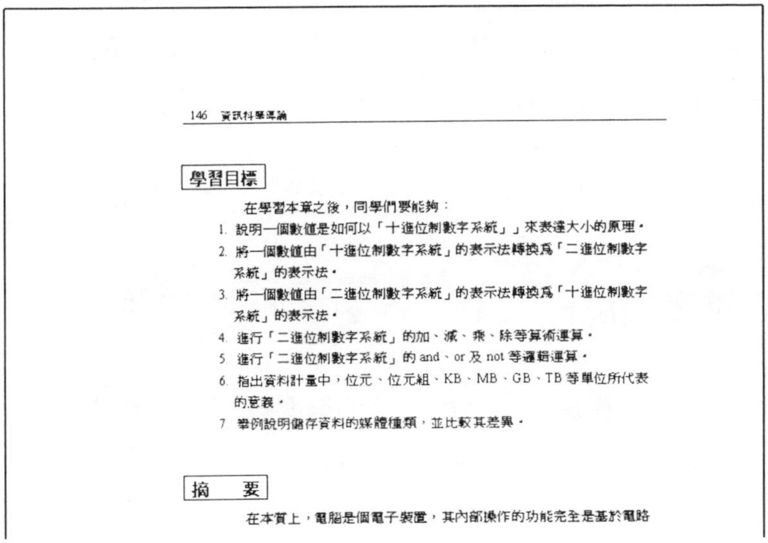

146　資訊科學導論

學習目標

在學習本章之後，同學們要能夠：

1. 說明一個數值是如何以「十進位制數字系統」」來表達大小的原理。
2. 將一個數值由「十進位制數字系統」的表示法轉換為「二進位制數字系統」的表示法。
3. 將一個數值由「二進位制數字系統」的表示法轉換為「十進位制數字系統」的表示法。
4. 進行「二進位制數字系統」的加、減、乘、除等算術運算。
5. 進行「二進位制數字系統」的 and、or 及 not 等邏輯運算。
6. 指出資料計量中，位元、位元組、KB、MB、GB、TB 等單位所代表的意義。
7. 舉例說明儲存資料的媒體種類，並比較其差異。

摘　要

在本質上，電腦是個電子裝置，其內部操作的功能完全是基於電路

圖 2-3　目標寫作範例

二、內容設計

教材的內容設計包括了三項工作：「決定內容範圍」、「決定內容順序」與「切割教材內容」，它們是教材設計過程中最主要的工作。

( )內容範圍的設計

教材內容範圍的決定，可由多種因素來考量，其中最主要的因素有：教材的知識體系、設定的學習目的、過去教學的經驗、學習者的期望與能力等。因此，在進行教材內容範圍的設計上，我們可以用下列途徑來進行：

1. 以設定的學習目標爲指標。
2. 請教本學科的課程專家。
3. 參閱、分析相關的書籍。
4. 根據自己在本行業中的經驗。
5. 與學系內的教師討論。
6. 晤談可能的學習者了解其期望。
7. 晤談畢業生了解其學習的困難或感受。

㈡內容順序的設計

一旦由以上途徑決定了課程內容的範圍後，我們要建立課程的體系及順序，這項工作稱爲「內容的階層分析」；一般常採用的方法有：卡片分類法（card sorting）、故事板法（storyboarding）、層次排序法（priority ranking）、流程圖法（flowcharting）等。

「卡片分類法」是將所有的內容項目分別寫在一張張的卡片上，然後再一一加以分類，歸入適當的章節體系內；「故事板法」與卡片分類法相近，是將所有的教材項目分別寫在一張張的卡片上，然後在一張大紙板上排列其呈現順序；「層次排序法」是將教材項目依其所涵括範圍的大小，由上而下分析排列層級；「流程圖法」則是依知識發生的自然順序，排定其先後呈現的關係。

以上方法依課程性質各有優劣及適用時機，我們試舉「電子計算機概論」爲例，從畫結構圖的方法來應用層次排序法，由上而下、逐層設計的建立課程的體系及順序，如圖 2-4。

這樣的層次分析及排序的工作，由全書、分篇、到章、節、及小節，即可建立教材的內容大綱，做爲未來發展階段中撰寫細部內容的依據。

我們也可以用流程圖的方法，來決定課程內容的順序，試以「楊氏模式」的教學設計爲例，可以建立以下課程體系，並由此體系規畫出內容呈現的順序（如圖 2-5）。

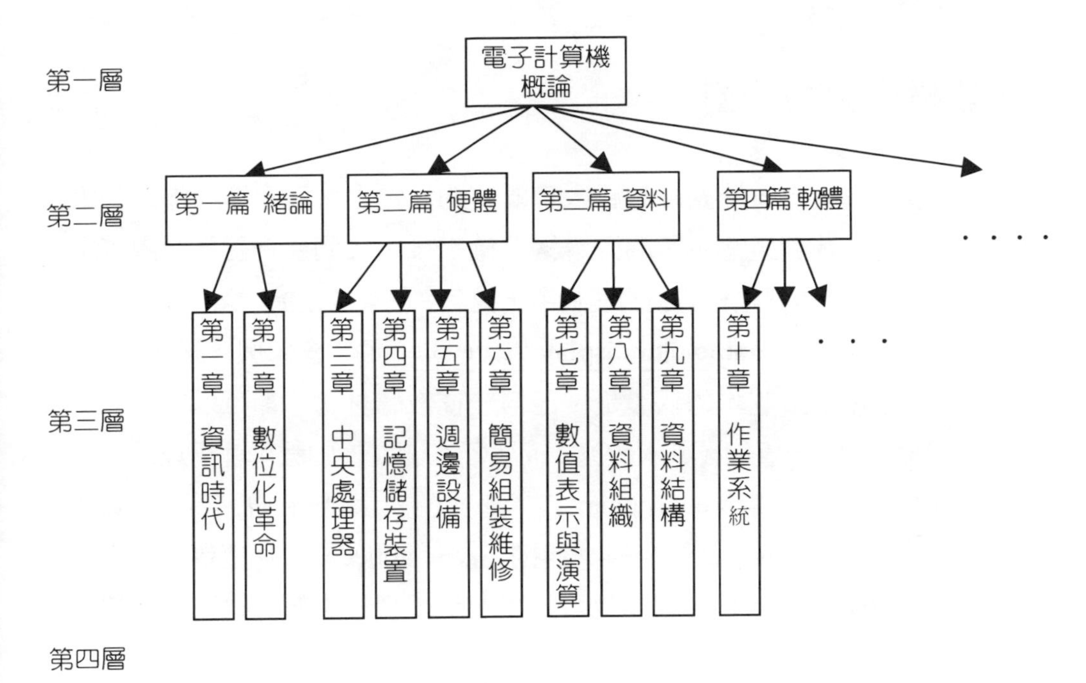

圖 2-4　教材內容的次分析

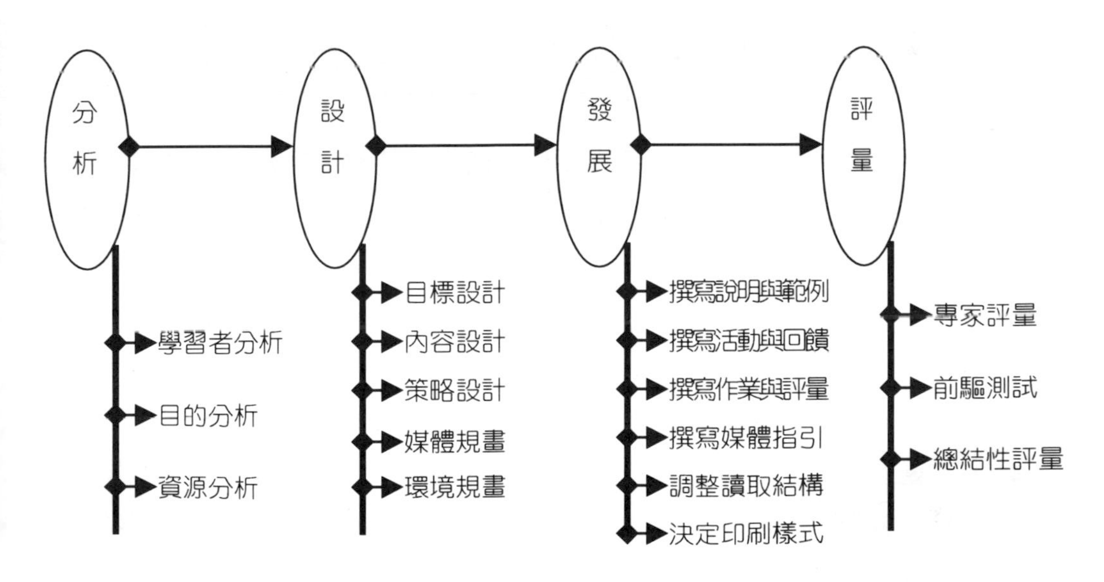

圖 2-5　教材內容的流程分析

㈢教材內容的切割

在以上教材內容範圍及教材內容順序的決定上，所牽涉的都是較大的章節內容。等到這些主體的內容綱要確定後，我們要針對各個內容綱要再往下切割，這種教材切割的理論中，較有名的要算是梅瑞爾（Merrill）的「元素呈現論（**component display theory**）」了（楊家興，民 80）。

元素呈現論最基本的假設是：任何一種教學材料，都可以切割為一系列分割的片斷或畫面（display）；而且所有認知性的教學都可以用「教導（tell）」與「練習（questioning）」兩種模式來進行，而每種模式下又包括「例子（examples）」與「通則（generalities）」兩種教材元素。因此全部教學過程中，有四種教材的主要呈現型式：教導通則、教導例子、練習通則及練習例子，如表 2-3。

表 2-3 教材的主要呈現型式

教學模式／教材元素	教 導	練 習
通 則	教導通則	練習通則
例 子	教導例子	練習例子

教材每一種主要呈現型式可以有多種不同的格式，例如：教導通則可能以「定義」、「演算法」或「圖表」等格式出現。同樣的，其它的呈現型式也會有不同的格式，不過，它們的基本功能，並不因此有所改變。

元素呈現論中第二個主要的假設，是學習的結果可以從兩個向度去分類：「學習內容的型式（type of content）」及「學習表現的任務層次（task level）」；學習內容的型式有四種：事實（facts）、概念（concepts）、程序（procedures）及原則（principles）；而任務層次的型式也有三種：記憶（remember）、使用（use）及發現（find）層次，這兩者交錯組成的矩陣表稱為「學習內容／任務層次表」：

表 2-4 學習內容／任務層次表

學習內容的型式＼表現的任務層次	記 憶	使 用	發 現
事 實	記憶事實		
概 念	記憶概念	使用概念	發現概念
程 序	記憶程序	使用程序	發現程序
原 則	記憶原則	使用原則	發現原則

所有元素呈現論中所開具的教材元素的處方，都是用以上所描述的兩種矩陣表來說明。我們先將教材內容大綱歸屬到「學習內容／任務層次表」中的某一種元素，再依這種元素所含的規格，建立適當的主要教學呈現型式。舉例來說，在「學習內容／任務層次表」中的「記憶事實」項下，主要教學呈現方式應採用例子與練習完全一致，而且練習時是針對同一例子做反覆使用。相反的，在「學習內容／任務層次表」中的「使用概念」項，主要教學呈現方式中的教導例子與練習例子，則需要採用不同的例子，在練習時要包括以前所不曾學習過的新例子。總而言之，即使是相同的主要教學呈現方式，由於任務層次的不同，其表現的方式，也不會相同，因此其所須使用的教材內容項目也不相同。

1. 決定教材內容範圍的方法有哪些？

2. 決定教材內容順序的方法有哪些？

3. 假想一門課程，你要如何決定其教材的內容範圍與順序？

「多　媒　體　入　門」　內　容　大　綱

第 1 章　緒論
第一篇　多媒體設備篇
　第 2 章　多媒體電腦
　第 3 章　多媒體週邊設備
　第 4 章　音訊與音效卡
　第 5 章　影片與影像卡
第二篇　多媒體資料篇
　第 6 章　文字
　第 7 章　聲音
　第 8 章　圖像
　第 9 章　視訊
　　第 9.1 節　視訊的基本原理
　　第 9.2 節　視訊資料的儲存格式
　　第 9.3 節　數位視訊的製作與播放
　　第 9.4 節　電腦視訊媒體應用
　第10章　電腦動畫
第三篇　多媒體整合應用篇
　第11章　多媒體設計概述
　第12章　多媒體系統的編輯
　第13章　多媒體簡報的製作

圖 2-6　依「層次排序法」所設計的教學內容範例

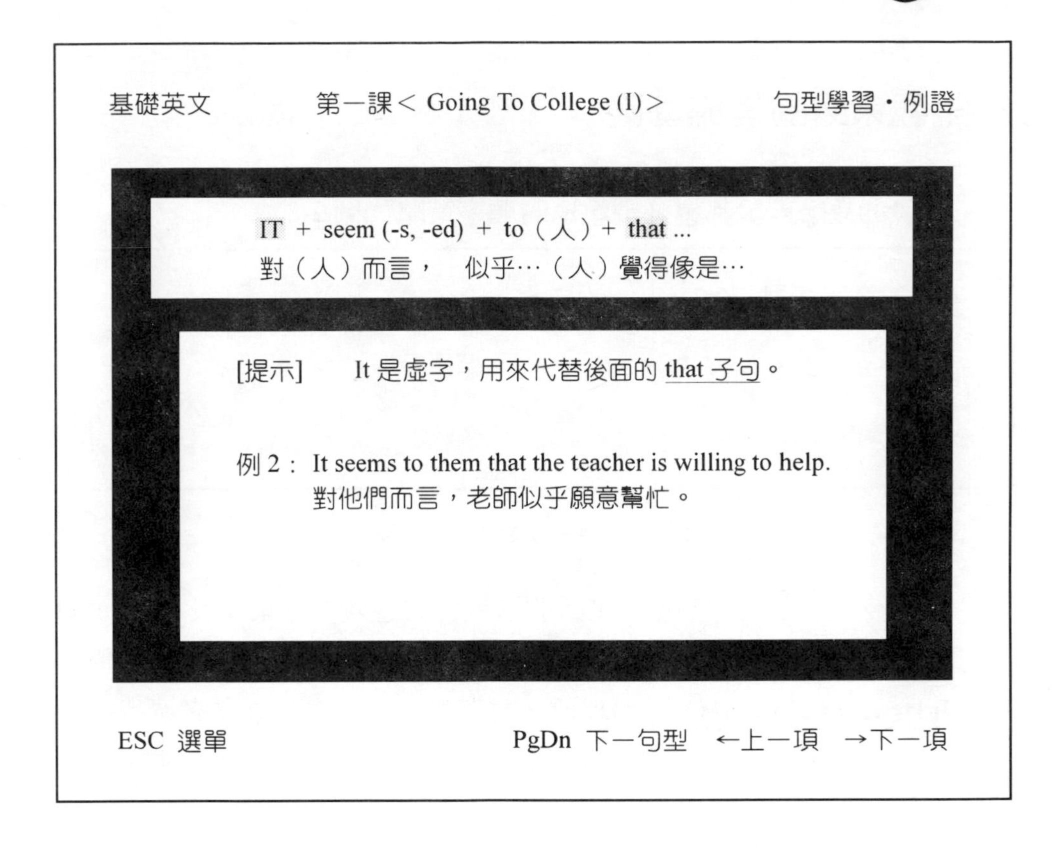

圖 2-7　依「元素呈現論（教導例子）」所設計的教學軟體範例
（取材自國立空中大學教學軟體「基礎英文」）

三、策略設計

在自學式教材中，呈現教材內容的策略設計可以分爲：「鉅觀設計（**macro design**）」及「微觀設計（**micro design**）」兩種，前者是在探討整章教材由頭至尾伸展開來的流程，後者是研究某一頁或某一片段教材如何呈現以促成有效學習的方式。在本階段中，我們探討這兩種策略的理論基礎，其細部應用則留待發展階段時再做討論。

㈠鉅觀策略的理論基礎

一般的教學理論都會強調教學的順序策略如圖 2-8：

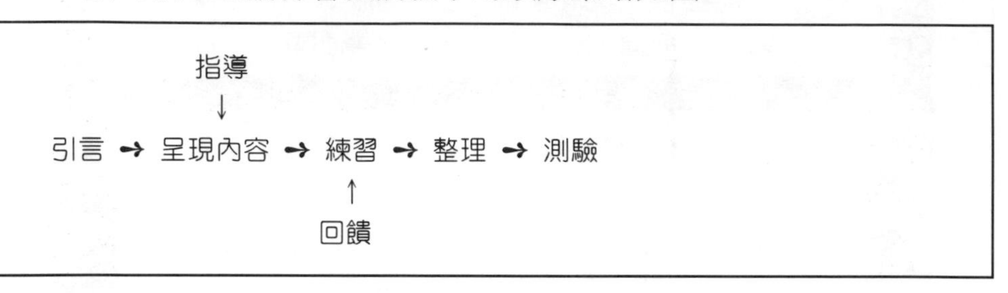

圖 2-8　一般教學的順序

但很少人能以完整的理論來說明這流程的意義；甘葉等人（Gagne et al., 1992）則以他們多年來在發展教材過程中的深入觀察，提出「教學事件（**instructional events**）」的理論，甘葉指出：學習者在學習過程中有一定順序的心理需求，而有效的教學，就是要根據學習者的需求，規畫出一系列相對應的教學事件，這學習需求與教學事件的對照如下表：

表 2-5　學習需求與教學事件對照表

內在的學習需求 (Internal Learning Activities)	外在的教學事件 (External Instructional Events)
❶ 感知到刺激（reception）	❶ 吸引注意力（gaining attention）
❷ 預備心理狀態（registration）	❷ 告知目標 (informing learner of the objective)
❸ 選擇有意義的刺激 (selective perception)	❸ 追憶學前經驗（stimulating recall of prerequisite learning）
❹ 默記練習（rehearsal）	❹ 呈現教材 (presenting the stimulus material)
❺ 轉化成記憶的語意碼 (semantic encoding)	❺ 提供指導 (providing learning guidance)
❻ 檢索記憶（retrieval）	❻ 實際演練（eliciting the performance）
❼ 產生外顯的行為（response generation）	❼ 提供回饋（providing feedback）
❽ 表現學習的成就（performance）	❽ 評量成就（assessing the performance）
❾ 控制學習的成果（control ）	❾ 強化學習保留與遷移 (enhancing retention and transfer)

瑞格魯斯（Reigeluth）所倡導的「逐步闡釋論（elaboration theory）」認爲（Reigeluth, 1987）：組織教學策略的模式是以區別教材結構爲起步；依據教學的目標，設計者架設教材的結構，之後再摘取其中能顯示教材基本原則的敘述組成「精萃（epitome）」，而將其它的例證、細部說明及相關的參照原則組成「細節（elaboration）」。

一旦教材的組織結構形成，精萃也從結構中抽離出來，那麼逐步闡釋的原則，便可應用出來；教學活動進行時，首先呈現「精萃」部分，接著就其中一個主題進行「細節」的闡釋，然後又回到「精萃」，再接著是針對精萃中另一個主題進行「細節」的闡釋，這種由「精萃→細節→精萃→細節」的步驟一直循環，直到課程教學完畢。這個逐步闡釋的模式，可以說是一種「伸縮鏡頭法（Zoom lens approach）」，教學先以廣角鏡頭呈現大概，而後用遠鏡頭拉至近景細節部分，然後定期回到廣角鏡頭，使細節部分與全景之間的關係，能清楚的建立出來。

由甘葉的教學事件理論來觀察一般教學活動的開展流程，便很容易清楚它的精神所在；而瑞格魯斯的逐步闡釋論也提示了如何在大綱與細節中切換的程序。在自學式教材中的教學的設計策略，我們可以依據這兩套教學策略的理論，來規畫教材中全書及每一章的鉅觀流程如圖 2-9。

在圖 2-9 中，書籍教材的「封面」是用來吸引學習者的注意力；「先修條件說明」、「學習建議」及「內容目錄」是用來確認學習者已具有學習本教材的基礎能力或經驗，並且引導學習者對本教材所涵括範圍的認同。

在教材的每一章中，我們建議使用「學習目標」或「綱要圖」來提示學習者準備努力的方向，並做爲學科知識體系的鷹架；「引言」則促使學習者追憶學前的經驗及導入主題；其它如：「概念原則」、「詳細說明」、「示範例證」、「參考圖表」、「輔助媒體」、「練習」、「回饋」等，則是在每一「章」（大範圍）內的「節」（小範圍）中重複呈現，由整體而發展到細節部分，用來協助、指導學習者掌握逐次呈現（progressive disclosure）的教材，並提供實際演練及參閱回饋訊息的機會。

在每一章中的主要小節都已學習完畢，我們還要協助學習者就這章範圍的內容，加以整理、回顧、並實際應用在其它情境中，因此，我們有「整理結論」、「關鍵詞」、「作業評量」及「參考書目」等。

至於在全書將結束時，我們也提供「學後測驗」及「參考答案」供學習者自我評量，並提供「索引」做資訊快速的檢索瀏覽。

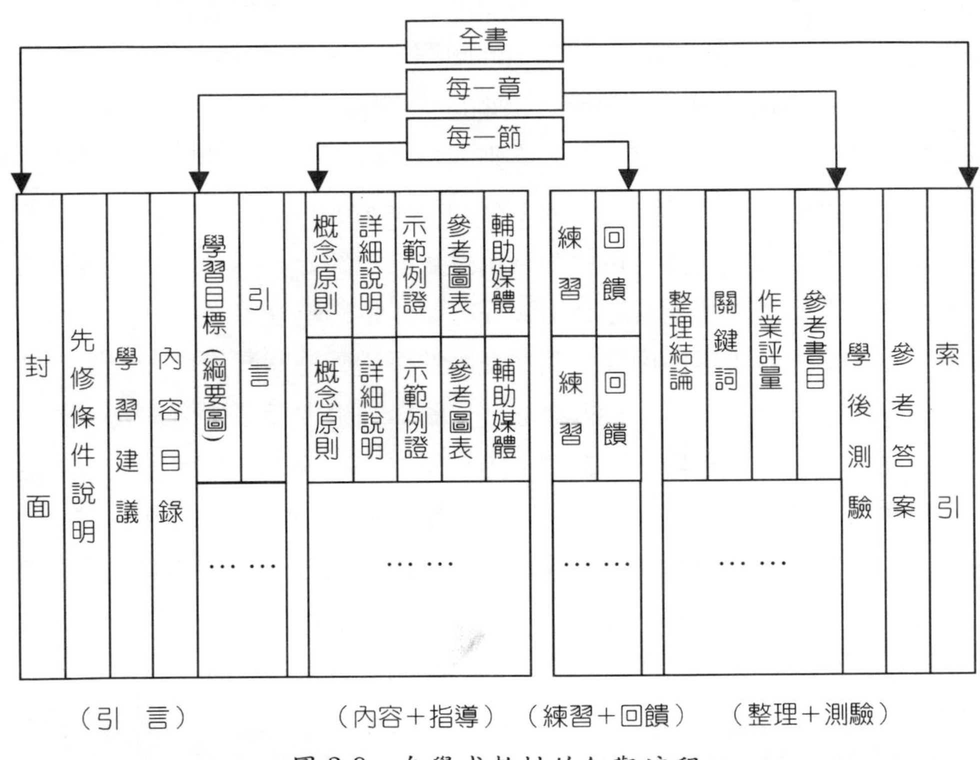

圖 2-9 自學式教材的鉅觀流程

(二)微觀策略的理論基礎

自學式教材中的微觀策略，是要研究某一小範圍內教材內容呈現的技巧，它與鉅觀策略的差異，就有如球隊在比賽時，球隊整體的隊形、傳球、攻門等方法是屬於鉅觀的策略，但每個球員的個人體能、運球、射門等技巧則是微觀的策略。

在教材中規畫微觀策略，其目的是要凸顯這段範圍內教材的重要部分，並協助學習者有效架構、組織、內化教材的知識。因此，在設計微觀策略時，我們要充分運用美學及心理學的方法與原則，以下我們探討一些有用的學理與技巧：

1. 訊息處理論（information process theory）與組塊理論（chunking theory）

訊息處理論是認知心理學的理論學派之一，這派的學者認爲：所有外界的刺激必須透過感官的注意，才能進入「短期記憶區」內等待處理，短期記憶區內的刺激被選擇後，會經由反覆的記誦練習，轉入「長期記憶區」儲存，長期記憶區內所儲存的資訊經「回憶讀取」後，透過對感官的控制，再轉變爲我們的行爲；長期記憶區的儲存空間無限，但短期記憶區的空間則遠不如長期記憶區，它一般只能保存七加減二（即五至九）件不同的資料，過多則無法容納，而且如果我們不去反覆記誦練習這些資料，它們立刻會被遺忘。因此，訊息處理論提示我們，在一個片段或一頁的教材中，提示了過多的重點，我們的短期記憶區根本無法處理，因此，在小範圍內重點不宜過度密集，教材中強調重點的方法也不可以使用過多。

但認知心理學的理論中另有一個「組塊理論」，它認同「人類在短期記憶能力上容量有限」的主張，但它認爲：這數目與資訊項目的大小無關，因此若我們能將複雜的多個概念結合成數目較少但層次較高或意義相關聯的區塊，那麼我們將可處理更多的概念，並減輕記憶的負擔。換言之，組塊理論是要將分散的個別概念結合成一完整、有意義的區塊，譬如說：要我們記住五個人站在一塊空地上的位置並不是一件容易的事，但如果我們是個籃球迷，而且將這五個人所站的位置與球賽戰術位置結合，那麼我們所記憶的內容只有一筆資料，而不再是五筆資料了。

組塊的理論是要結合分散的知識片斷，在表面上好像與切割、呈現知識重點的主張相反，但事實上，這兩者可互補有無，知識內容如果是零星的重點呈現，可能加重學習者的記憶負擔，但藉著組塊的觀念，我們將教材呈現的重點聯結在一起，形成更完整而且容易記憶的學習概念。

2.包含論（subsumption）

奧薩貝（Ausubel）的包含論企圖在學科的邏輯關係與學習者的心理結構之間，建立起相互的關聯。他以為：只有在教學內容與學生的認知結構上，以自然的、實在的方式相連接時，才會產生有意義的學習（楊家興，民80）。新的學習內容，會被知識的**著錨點（anchoring point）**所包含，而所謂的「著錨點」就是一種更廣泛、層次更高的概念，可以用來做為較低階知識相連接的鷹架。這種高層次的概念應用在教材的設計上，被稱為「**導進組體（advanced organizer）**」，它是指在進入主體的教材內容之前，先用摘要方式敘述內容綱要後，才開始主體的內容說明，由於在摘要部分已經先提供高層次的知識鷹架，學習者將很容易吸收隨後的細部內容。

包含論在教材及教法上的應用，主要包括兩項原則：

(1)**逐次辨識（progressive differentiation）**：最廣泛及一般性的知識原則，應該最先呈現，然後才將細節及特性逐次呈現並辨明之。奧薩貝的這項主張被逐步闡釋論所吸收，成為伸縮鏡頭法的理論基礎之一。

(2)**統整協調（integrative reconciliation）**：教學時，一定要很清楚的指出過去所學的知識，與目前學習的概念或資訊之間相似或相異的地方，才能有效協助學習者建立一個完整、平衡的認知體系。

3.幫助學習者維持動機的技巧

從教育心理學的動機理論來看，教材中包含「多樣化」的學習活動，有閱讀、有討論、有測驗、有觀察、有實作等活動，比較上更能維持學習的興趣；而讓學習者能「主動參與」學習的過程，也比只是純被動的閱讀或聽講要好。

在呈現文字教材的片斷時，書頁密度不宜過高，參用大量圖表，這些策略可以「軟化（soften）」教材給人艱難的刻板印象。而內容上，結合舊經驗或應用在實際環境中，將使學習者感覺到知識的親切性，而願意更努力投入的學習。

4.幫助學習者掌握重點的技巧

在文字教材中強調重點的方法，不外乎：粗體、大字、斜體、底線、不同顏色、不同行距、加框、加符號、獨立行等，我們可以適當採用這些重點強調的技巧，但從美學上看，一張書頁中，有過多不同的字體、不同的行間距、不同顏色的文字，甚至一堆框線、符號，讓人眼花撩亂，不但毫無美感，而且畫滿一堆重點的書頁，等於沒有重點，無法幫助學習者過濾雜訊，直接切入到教材的重要部分。

一些教材設計人員的經驗，建議我們在同一書頁中，不要有超過四種的字體或顏色，不同的行距、特殊符號、獨立行等，最好僅限於段落中使用（楊家興，民 87）。

5.強化學習者理解的技巧

運用適當的策略，我們可以幫助學習者理解教材的內容，並且將知識轉化、編碼（encoding）、儲存在記憶中。教材中強化理解的技巧有：使用圖像術、從做中學、評量與回饋等。

「圖像術（imagery）」（Paivio & Yuille, 1969）是在教材中插置視覺圖像（visual image）或以文詞提示心智圖像（mental picture），以強化學習者對知識的理解及吸收。依據視聽教育及**「雙入碼（dual coding）」**理論的研究，使用圖像術不但有助於對知識的掌握，而且在圖像資訊的處理中，我們會產生圖形及意義兩種不同的編碼記憶，有利於知識的保存與檢索。

杜威（Deway）提倡**「從做中學（learning by doing）」**的理論，要

在學習過程中，藉親身的參與來檢驗知識的「真」。在教材設計中，我們也要規畫實作性的活動，讓學習者從實際操作中，體會、理解知識的意義。

而評量與回饋的活動，更是教學專家，特別是行爲主義者，所強調的教學策略，以不斷的自我評量及從評量中的回饋，來檢驗自己是否確實理解教材，並從回饋中診斷、發現學習困難之所在。

6. 幫助學習者回憶的技巧

自學式教材中，要儘量採用「記憶術（**memonic devices**）」來協助學習者將知識連結在已有的認知結構上，並方便未來的檢索回憶。而所謂的記憶術是指利用：「諧音」、「字首」、「比喻」、「連結」等方式，來幫助學習者加強記憶的能力。

諧音方式如我們在學英文單字時，用「怕老婆敢打」來記憶「propaganda（宣傳）」這個字，或在歷史課中，用「良糖浸好酒」來記憶「梁唐晉漢周」等五代名稱。而字首法如在本文中所提的「ABCD」的學習目標撰寫方法，就是用每種技巧的第一個字母組成容易記憶的順口溜；交通大學發展的一套合作式網路學習環境（COoperative Remotely Accessible Learning），也是以字首組成 CORAL（珊瑚）這樣容易記憶的名稱。而比喻方式是用寓言或身邊的例證來幫忙我們記憶，例如鷸蚌相爭的故事，讓我們了解而且牢記不要互爭權利，弄得兩敗俱傷的教訓。而連結方式是將新知識與一原來早已熟悉的程序或環境相結合，用來幫我們回想這些不熟悉的知識；一個很有名的例子是：希臘有一次大地震，許多在宴會現場中的著名賓客慘遭倒塌的樑柱壓死，死者屍體難以辨識，幸賴一名盲眼的獻唱詩人憑著其對週遭環境的認識，與當時逐一介紹來賓姓名的連結，而終能憑記憶分辨屍體身分；在教學上，我們結繩紀事、或將某事進行的步驟與買菜、洗菜、切菜、炒菜、調味、享用程序結合，這都可以幫助學習者記憶。

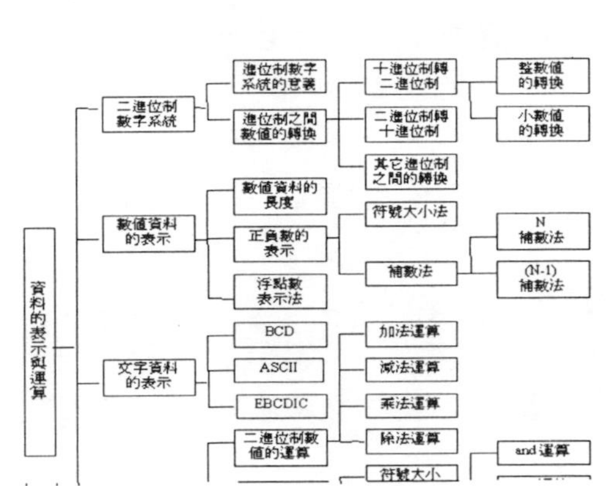

圖 2-10　用做「導進組體」的內容結構圖
（取材自國立空中大學課程「電子計算機概論」）

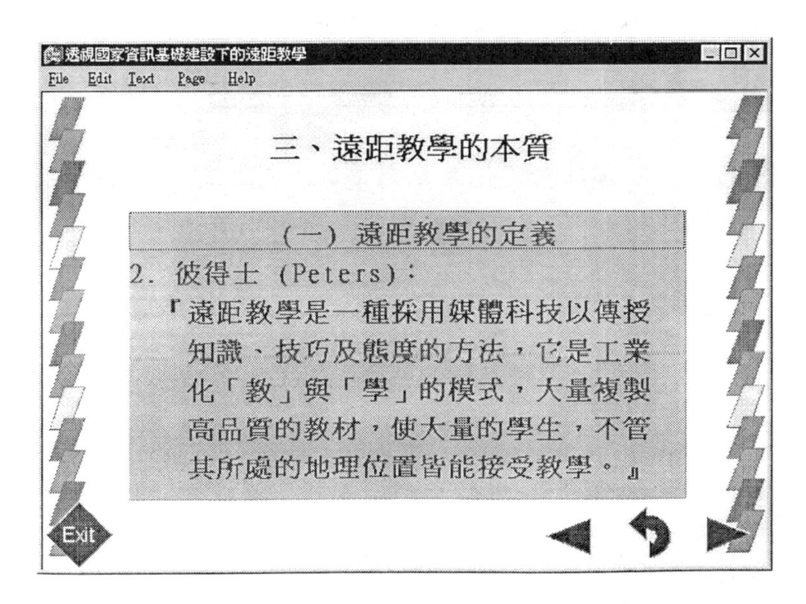

圖 2-11　「逐次呈現」的投影片設計範例

1. 什麼是教材的「鉅觀設計」？什麼又是教材的「微觀設計」？

2. 試製表說明甘葉的「教學事件」理論。

3. 請繪製你覺得適當的教材發展流程，並與朋友一起討論。

4. 「訊息處理論」的主張是什麼？

5. 什麼是「導進組體」？

6. 請列舉一些你認為可以幫助記憶的技巧，並與朋友一起討論。

四、媒體規畫

早期運用教學媒體的型式，一直是以「真人教師」使用「教科書」爲核心，但隨著視聽教育、電腦科技、以及通訊網路的發展，可用來傳播知識的媒體種類越來越多，功能也越來越強。現在，教育訓練機構所常用的教學媒體，除了教科書、講義、期刊、函授簡訊等平面印刷媒體外，還有：幻燈片、廣播節目、電視節目、電影、錄音帶、錄影帶、影碟、電腦教學磁片、壓縮光碟片及資訊網路等，這些媒體各有其特色與優點，但相對的也有其限制與困難。如果我們能善加規畫利用這些不同的媒體，則可以截長補短、發揮它們輔助教學及提高學習效果的功用。

㈠媒體的種類

教學上常用來搭配教科書使用的其它媒體，約可分為下列幾個種類：

1. 眞人媒體

在自學式教材中，真人媒體的輔助教學型式，有：教師的面授教學、短期學習營隊、學習者的課業研習社團、外界專家演講、廣播叩應、電視叩應、個別輔導、電話教學、視訊會議教學、網路會議教學等，這些真人教學的目的，主要是指導學習者了解教材、解答疑難，並補充文字教材中互動的不足。

2. 印刷媒體

除教科書及函授教材外，用來輔助自學的印刷媒體還有：參考書籍、學習手冊、作業題本、地圖、圖表、圖片、海報、報紙、雜誌、期刊、補充講義、測驗卷等，它們大都是用來補充、印證教科書中的內容，並做為課程練習的參考。

3. 實物媒體

實物媒體的種類主要有：真實事物、標本、模型、實習套件等，在實習套件中依課程不同可以包括：樂器、實驗材料、電腦軟體、望遠鏡、顯微鏡等，學習者利用這些媒體及指定的實際問題或專案作業，來做練習、觀察、實驗、組裝、測量等活動。

4.影音媒體

廣播節目、錄音帶、唱片、音樂光碟、電話語音查詢、幻燈片、捲片、電影片、電視節目、錄影帶、影音光碟、雷射影碟等都是常見的影音媒體，它們具有生動、活潑、逼真的特色，能提供文字以外豐富而且有趣的學習經驗。

5.電腦媒體

電腦教學軟體、電腦測驗軟體、電腦模擬軟體、電腦軟體工具（如：文書處理軟體、試算表、資料庫系統、繪圖工具、統計軟體、簡報軟體等）、多媒體光碟節目片（CD Title）、電傳視訊查詢系統等，這些電腦媒體有儲存大量資料、隨機呈現、立即回饋、五光十色等效果外，更重要的它具有學習者記錄管理的功能，能實現個別化教學的理想。

6.網路媒體

網路媒體包括：網路資訊檢索、電子通信、連線討論、群組軟體、線上教材等，它們化天涯為比鄰，學習者除了可以檢索網路上的全球資源外，更可以與線上的教師或其它的學習者合作互動。

㈡媒體的功能

媒體各有不同的特質，即使是同一媒體，運用在教學上的方式也不盡相同，其所實現的效能因此互有差異。不過為了了解媒體在教學上所適宜發揮的功能，以下以作者個人經驗與判斷提供表 2-6，列舉各種媒體的「潛能」供做參考。圖內資料格中的◆表示該列所對應的媒體在該行所描述的功能上，具有相當顯著的功能；而資料格中的◇則表示較不顯著的功能；如果資料格為空白，則表示不具備該功能。

表 2-6 各種媒體之教學功能判斷表

教學功能＼媒體種類	印刷品	函授指導	面授教學	個別指導	廣播錄音教學	電話教學	電視錄影教學	線上叩應	專案實作	電腦教學軟體	網路教學軟體	遠距會議教學
提供課程知識的完整敘述	◆	◇	◇		◇	◇	◇			◆	◇	◇
傳達課程知識的聲音、影像等動態資訊			◆	◆	◇	◇	◆	◆		◇	◇	◆
傳達課程知識的即時資訊		◇	◆	◆	◇	◆	◇	◆		◇	◆	◆
依學習者的需求機動性調整教學		◆	◆	◆		◆		◆		◆	◆	◆
允許學習者提出問題		◇	◇	◆		◇		◇		◇	◆	◇
允許學習者回答問題	◇	◆	◇	◆		◇			◆	◆	◆	◇
允許學習者實際親身操作				◆					◆			
能給學習者標準化的回饋	◇	◆	◆	◆		◇			◆	◆	◆	◇
能給學習者個別化的回饋		◆	◇	◆		◇			◇	◇	◆	◇
提供學習者的過程記錄	◆	◆							◆	◇	◇	

㈢媒體的選擇

教材媒體的種類不同，功能各有特色。不過，很不幸的是：教材設計人員常有**「優勢媒體」**的不正確觀念，受時代潮流影響，視部分媒體爲特別重要、受歡迎、具有象徵地位。舉例來說，廿年前教學科技人員醉心於電視的使用，製作教材時人人爭取使用電視媒體的機會，以爲沒有使用電視，就代表這門科目的製作不夠用心、沒有水準、或教師不被重視，至於課程內容適不適合電視媒體的表現，並未受到重視。十年前，媒體的熱潮湧向電腦，一時之間，電腦教學軟體成爲時代的寵兒，現在又是網際網路的世界，人人爭著將教材放在網路上。潮去潮來，優勢媒體變來變去，但如何發揮媒體的特質與效益，始終沒有得到足夠的關心，傳統上經濟可行而且實際有效的媒體，卻往往在潮流下被忽視了。

美國學者克拉克（Clark）對這種濫用優勢媒體的風氣大加撻伐，他認爲（1985）：媒體有如貨車，貨車運送蔬菜到市場供人烹煮食用，但對人身體健康有幫助的是蔬菜，而不是卡車；同理，媒體載送教學內容，能對學習者有幫助的是學科知識，而不是媒體。他主張我們應該回歸到重視教學內容的準備及教學策略的安排，而不要「只是」強調媒體種類的選擇。

在製作自學式教材時，選擇搭配媒體的考量因素有：課程教學目標、學科內容性質、媒體的潛在功能、媒體的經濟性、媒體的易操作性、媒體的取用方便性、教師及學生對媒體的接納性、學校的政治考量等因素。

許多教學機構在選擇教學媒體時，主要是依行政上的方便或製作成本的考量，並不願意採用書本以外的媒體，這完全忽略了媒體在教學上所可能產生的價值，但盲目跟隨潮流，任意選擇昂貴的媒體，也可能落得吃力不討好。舉例來說，圖形的媒體較文字媒體的描述具體，適合提供基礎的知識，運用得好可以收到「一圖勝千文」的效果；但有時文字更適合抽象、高層次觀念的表達，一個「愛」字是用一千張圖畫也無法清楚的表達出來，所以，在規畫不同媒體的使用時，要特別注意媒體是否能有效的表達課程內容。

此外，媒體各有其特質，當前流行的多媒體電腦，固然可以整合多種媒體型式於一身，但錄音帶適合邊做事邊學習，書本的經濟與方便性也是其它媒體難以媲美；因此混用多種媒體，不但增加變化的趣味，而且採用多種學習的知覺管道，能提高學習的效果。

在媒體型式上，我們可以依教材單元的內容性質，來分別採用不同的媒體，達成教材的多元化。但對某些內容也可以同時使用多種媒體來呈現，學習者因此能依不同的時機或個人的傾向來選擇**「備份教材（alternate materials）」**，實現學習的多元化。

1. 教學上常使用的教材媒體有哪些種類？

2. 請列舉一些可能使用到的教材媒體，並為它們製作一張優劣點的比較表。

圖 2-12　採用多種媒體的套裝教材

（取材自國立空中大學課程「多媒體系統製作」）

五、環境規畫

教材設計中對學習環境的規畫，主要是要對學習者提供良好的支援，以促成更有效力（effective）及更有效率（efficient）的學習過程。環境規畫的進行，要以分析階段中對資源分析的結果為主要依據，將未來施教中可使用的資源，配合課程內容的進行，充分的在教材內敘述、使用。

教材使用的環境，對學習者而言，是一種外在的、客觀的情境，不是由學習者來自我調適就可以滿足學習的需求。因此，教材的設計者要先考量可能影響教材使用的學習環境因素，並做適當的規畫。

(一)影響教材使用的環境因素

自學式教材運用在開放式學校環境下，影響教材使用的環境因素有：「校園環境」及「社會環境」兩類。

1. 校園環境

在教育機構內，它所包括的人、事、地、物，如：師資素質、校園氣氛、學校政策、學生次文化、圖書資源、資訊環境等，對學習者使用教材都會產生影響。不過做為教材的設計者，主要考量的是那些能由設計者所控制、規畫的部分，如：師生互動、同學互動、圖書資訊、資源環境、教學型態、輔導型態等。

2. 社會環境

如同校園環境般，社會環境因素中如：社會習俗、傳播媒介、家庭期望、家庭支持度、居住品質、工作壓力、經濟開發等，不是教材的設計者所能控制、規畫的，但我們至少要注意、了解有關的背景，做為教材製作時思考的依據。

㈡教材使用環境的規畫

在學習者進行教材研讀時，能提供學習支援的資源人士，除了學校內的面授教師、輔導教師或學系指導教授外，還可以包括：圖書館員、教學資源中心人員、學訊編輯、課業研習班指導教師、同學，乃至校外的同事或家人等。

配合以上可能的人力，在自學式教材的設計上，特別考量使用在開放教育或遠距教學的環境下，我們要做下列環境因素的規畫：

1. 先修課程：在教材中明定先修課程的要求。
2. 面授次數：決定配合學習者自學所需規畫的面授教學次數。
3. 學習進度：指定學習進度，以便有效完成學習。
4. 研讀所需時間：建議每週或每單元所需的修習時間。
5. 作業次數：規定作業完成的次數。
6. 考試次數：規定考試評量的次數及方式。
7. 設備環境：說明自學所需的設備或環境。
8. 參考書籍：指定參考或擴充研讀所需之書籍。
9. 課業輔導：規畫電話的、書面的、面對面的、網路的、通信的、社團等輔導方式。
10. 未來修課選擇：建議未來繼續在此課程專業上進修所需的學習路徑。

學科名稱	套裝軟體—多媒體	學分數	二
學科委員	楊家興、羅綸斯、信世昌、郭秋田		
須具基礎知識	電子計算機概論		
課程目標	一、了解媒體的種類及基本特質。 二、了解視窗作業環境。 三、熟悉多媒體系統的使用。 四、了解多媒體系統設計的原則。 五、利用交談式發展環境開發多媒體系統。 六、利用編輯語言開發多媒體系統。		
課程概要	一、多媒體概論（文字、語音、圖形、視訊及動畫）。 二、多媒體系統簡介。 三、多媒體系統的設計。 四、多媒體編輯系統 Power Point 簡介。 五、交談式多媒體系統的發展環境。		
教　　材	本校教科書		
面授次數	四次	實習次數	無
先修科目	無	建議續修科目	多媒體系統製作
參考書目	Windows 使用手冊、Power Point 使用手冊		

備註：建議修習本課程同學最好能自備電腦及相關軟體。

圖 2-13　課程開設的規畫說明

（取材自國立空中大學 87 上註冊選課書）

1. 請設想一門課程的自學式教材，並為它規畫學習時的環境佈置。

參 發展階段

教材設計的第三個階段稱爲發展階段，它是延伸第二階段的設計工作，將設計結果具體化、細緻化。這個階段包括了六項工作：「撰寫說明與範例」、「撰寫活動與回饋」、「撰寫作業與評量題目」、「撰寫媒體配合指引」、「調整讀取結構」、及「決定印刷樣式」等。

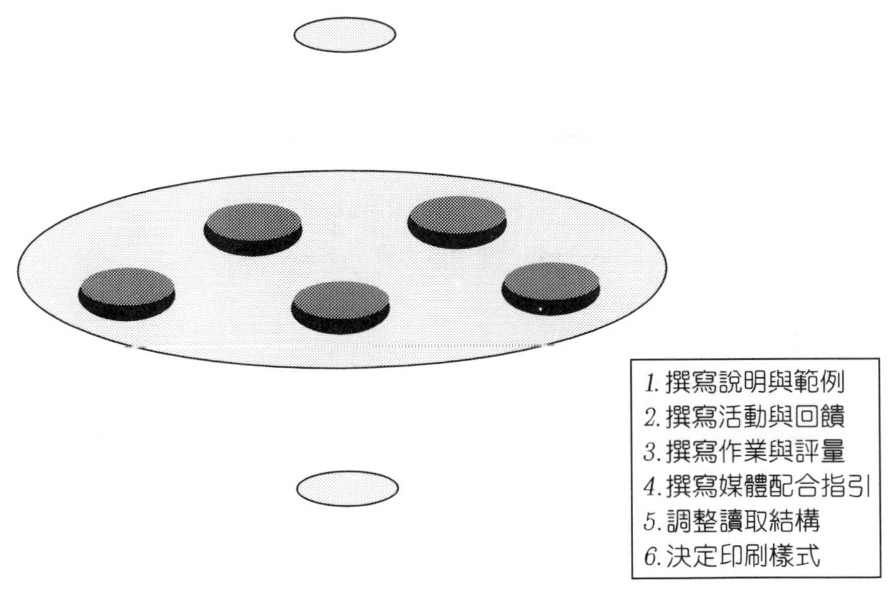

圖 2-14　發展階段

本階段中各項工作的進行，都是以設計階段的結果爲基礎；在執行順序上，最好能依序逐項進行，但所有的活動都相互關聯，因此，有時還必須回頭修正一些原已完成的工作項目，直到所有的發展工作都已完成，這一階段才告結束。過程中，我們也必須不斷的邀請學者專家、同業伙伴或可能的學習者，來進行形成性評量，以確保發展結果的品質。

1. 教材的發展工作與設計工作有什麼不同？你認為要如何進行教材的發展工作？

一、撰寫說明與範例

教材內容的發展工作，主要是依據第二階段中目標及內容設計的結果，將學科知識依教材的範圍及順序，逐步編寫為詳細的文字內容，本階段的進行中，以編寫知識的概念、原則、範例及參考圖形為先，其它學習活動的撰寫及編輯格式上的修飾，則留待以後進行。

(一)教材中的語法用詞

在撰寫自學式教材時，由於學習者大半的時候都必須自己研讀教材，因此教材中的知識說明，必須非常簡單、明確、清楚，避免冗長、繁複、模糊的句法結構，以減少學習者的挫折感。一般自學式教材的撰寫人員常假想對著一個虛擬的學習者編寫教材，並注意下列原則：

1. 用詞要口語化，避用生澀文字。
2. 語法結構要單純，句子精短簡要。
3. 多用肯定句，不用雙重否定。
4. 用語前後一致。
5. 每一段落只描述一個概念。
6. 每一個概念的說明部分，儘量不要超過一千字。
7. 結束概念的說明時，要提示應用概念的方法。
8. 每一節不要超過四千字或四頁。
9. 清楚的標示內容重點。

(二)教材中的範例

「範例」可用來具體的說明概念或原則，它可以是與內容相對照的例子，或者是利用反例證，來分辨、釐清觀念。範例的使用是說明抽象的觀念，但因各個學習者的體會不同，多個不同角度的例證，將能提供更具體、清晰的解說。

馬克爾（Markle）及提曼（Tiemann）在一九七〇年，曾就如何教導概念的方法，做了一番研究；其中最引人注意的，是他們提出徹底了解概念所須使用到的**「最少的、合理的例證（examples）及反證（non-examples）的數目」**的主張。一組最少的、合理的反證，是該概念中重要特質（attributes）的數目，而且這些反證應個別反映出這些特質的驗證。舉例來說，如果我們定義「椅子（chair）」是一種可供個人坐靠的硬物；那麼最少的、合理的反證，應包括：情人座（兩人使用）、海灘椅（不是硬的）及板凳（沒有靠背）三項。而最少的、合理的例證，在數目上則沒有限制，通常只要這些例證能個別反應出一些不同的非重要的特質（如：椅子的顏色、大小等）即可。

範例使用的型式可分爲：

1. 過去發生的事實。

2. 名人的諺語、軼事。

3. 巧妙的比喻。

4. 相關的圖片或卡通。

5. 視聽材料。

6. 實際事物或樣本。

7. 演算過程。

8. 統計資料圖表。

9. 周遭人士的證言。

10. 著名的個案。

㈢教材中圖形的使用

「圖形」可說是另一種語言，它除了有更具體說明抽象觀念的功能外，還有美化教材、表現空間關係、及提供**嵌藏式（embedded）資訊**等特殊功效，特別是圖形中的資訊，不像文字般的具體表述，使用者必須憑自己的經驗與判斷，去發掘、體會其中嵌藏的意義，因而提供學習者更寬廣的想像空間，因此西諺常以「一圖勝千文」來形容它的功效。美國學者戴爾所提出的「經驗三角錐」，就是用來說明圖形在學習經驗上優於抽象的文字敘述的功用。

圖形與教材內容的關係可分為：外在型、相關型、內在型三類。「外在型」的關係是指圖形與內容並無直接關聯，圖形只是用來做為裝飾品，美化教材，使閱讀文字教材更引人興趣。「相關型」的關係是指圖形與內容相關聯，但並非是內容最真實、最直接的表現；以諷刺型的卡通漫畫來說明哲理，就是一種相關型的圖形應用。「內在型」的關係是指圖形直接反應教材的內容，譬如使用相機鏡頭的分解圖片或電腦的內容畫面等。在本書「策略設計」中所提的「圖像術」的理論，結合視聽教育多年的研究，強調圖形使用的重要與成效，特別是內在型圖形的使用，提昇了學習者對知識內容的理解。

總結圖形用在教材上所發揮的功能，主要有以下幾種：

1. 柔化教材，做爲裝飾品。
2. 表達情感，特別是用在幽默或深情的表示上。
3. 具體呈現概念。
4. 簡化文字描述。
5. 有效表達空間關係。
6. 適合某種視覺學習形態的學習者。
7. 達到多知覺管道的學習目的。
8. 提供真實性的情境以供探索。

1. 本書作者主張：每一節不要超過四頁或四千字，你同意嗎？為什麼？

2. 教材中圖形與文字搭配的關係有三種？能不能舉實例來說明？

在以上的例子中，要注意的事項有兩點：

❶ 任何基底的0次方其結果爲1，不是0。

❷ 任何數字的值都必須依其使用的進位制系統來判定，因此，理論上每個數值都應該用基底來清楚的表示其進位制系統，其表示法爲將基底以「下標」方式寫在數字的右下方。不過由於十進位制是我們最常使用的數字系統，所以通常我們可以省略，但其它數字系統則要清楚表明。

1. 二進位制數字系統

十進位制數字系統表示數值的方法，可以適用在不同的進位制數字系統上，二進位制數字系統使用 0 和 1 兩個數字，逢二就要進位，它的基底是 2：每個向左的位置就加上 2的 1 次方，向右的位置就減去 2的 1 次方。

例 1：一個二進位制數值 10101_2，它的大小可以表示爲：
$10101_2 = 1\times2^4+0\times2^3+1\times2^2+0\times2^1+1\times2^0$

例 2：一個包含小數值的二進位制數值 110.1012，它的大小則可以表示爲：
110.1012 ＝ 1×22＋1×21＋0×20＋0×2－1＋1×2－2＋1×2－3

2. 八進位制數字系統

八進位制數字系統使用 0, 1, 2, 3, 4, 5, 6, 7 八個數字，逢八就要進位

圖 2-15　利用範例來彰顯內容

（取材自國立空中大學課程「電子計算機概論（一）」）

1. 層次的畫分：動畫畫面可以看作是許多不同層次的畫面相疊而成，因此具有前景、背景等前後的遠近關係。其中也包含會移動的物體。在製作畫面之前，先將畫面依這層次關係分開，使各個部份可以單獨製作。圖 10.1 列示了一部動畫中的三個畫面，從中我們可以看出天空、天空及遠山等是屬於靜態的背景，而樹木則是靜態的前景。一隻飛鳥從左邊向右飛來，其遠近介於樹木與遠山之間，當其飛近樹木便爲樹木所遮蔽，飛出樹木範圍後則又復見。

圖 10.1　畫面的層次

圖 2-16　利用圖形來說明內容

（取材自國立空中大學課程「套裝軟體－多體入門」）

二、撰寫活動與回饋

自學式教材是在教材中揉入教學方法，但在靜態的教材中要如何表現教師那種指導、激勵、詢問、回饋、討論、補充、提示、解釋等方法呢？無疑的，插入「文中學習活動（**in-text activities**）」就是其中最具關鍵性的設計。

㈠文中活動的重要性

爲什麼文中學習活動有助於學習效果的提昇呢？學習心理學中很重要的一些原則就是「練習律（**Law of Practice**）」和「效果律（**Law of Effect**）」，學習者要藉著練習及知道練習的效果來修正努力的方向、加強學習的動機。早期編序教材中，在每一小段的內容學習後立即提供練習活動，就是要透過實際的練習及其回饋來保證過程中每一步的學習效果，這正是文中學習活動的應用範例之一。

摩根（Morgan）的研究（1995）指出：許多使用自學式教材的學習者，在缺乏教師面對面的指導監督下，往往採用「表面學習法（**surface approach**）」，死記一些可能成爲考題內容的文字，而放棄可以深入了解體會教材的意義、或建立與實際生活經驗相關聯的「深度學習法（**deep approach**）」，文中學習活動正是要求學習者積極參與與思考，成爲建立深度學習的手段。

洛克伍得（Lockwood, 1992）認爲要幫助學習者進行深度學習，首要工作就是要喚起學習者在學習過程中的「覺醒心（**awareness**）」，知道自己在學習什麼，有時要停下來思考一下剛剛所學的內容是什麼？與我們先前的經驗有什麼關係？實際練習一下法則或公式以體會教材的奧妙，他引用一句格言：「I hear and I forget；I see and I remember；I do and I understand.」來說明在課文中插入學習活動的功效。

事實上，藉活動讓學習者真正了解文字內容的概念，是整個自學式教材中的關鍵，我國哲人胡適也曾說過：「發表是吸收的利器」，學習者在學習過程中，不應只是被動的、靜態的聽講或閱讀，更覺醒、更積極的發表活動，將會使學習者學得更好。

㈡文中活動的型式

在文字教材中插入文中學習活動，最常見的型式有：

1. 默寫或複述內容的重點。
2. 列舉自己的生活經驗。
3. 深入分析、比較不同的概念。
4. 實際動手操作或做練習。
5. 進行測量或觀察。
6. 參閱另一份資料。
7. 使用輔助教材媒體。
8. 與同學或朋友討論意見。
9. 扮演角色。
10. 解決問題。

配合教材的自學運用，文中活動的進行，大半是個人的，主要有：閱讀、聆聽、觀看、或做練習，但團體活動是社會教育及人格教育中不可或缺的一環。自學式教材中也應有適當的團體活動，這些團體方式的活動，並不一定要如同學習者在傳統教室中面對面的互動般，它可以在校外由鄰近的同學來共同組成交流團體。在高度科技化的環境下，我們更可以藉由電視或廣播的「叩應（call in）」、電信網路的「視訊會議（video conference）」、電腦網路的「連線討論（on-line discussion）」及「新聞論壇（forum）」等來進行團體的互動（楊家興，民 85a）。

㈢文中學習活動的產生

文中活動次數的多寡，對學習進行的順暢與否有很大的關聯，次數太多怕會打斷教材內容的學習速度，次數太少又怕會太過呆板單調、無法鞏固學習；因此文中活動的次數要考量學習者及教材的性質來決定。基本上，在教室中教學時，教師一般每隔十五到二十分鐘就要更換一下教學刺激的種類，以免學習者聽得太單調而睡著；同樣的，使用自學式教材每隔三、四頁至少就應該有一個文中活動，來變換學習的步調。

其實，洛克伍得（Lockwood, 1992）曾指出：文中學習活動不要太勉強造作，最好是依下列情況自然來產生：

1. 針對每一項學習的目標。
2. 在課文容易引起誤解之處。
3. 內容要摻入學習者個人的經驗或體會。
4. 在需要變化活動性質，以維持學習者的興趣時。
5. 在一個段落結束需要綜合整理時。

所以，我們不必刻意計算內容的長度以「製造」插入文中學習活動的機會，只要順著課程內容的發展，每一節講解一群相關觀念，每一節不超過四頁，那麼在每一節後，有經驗的教材編撰人員自然能找出可以產生文中學習活動的機會；不過，要是連續五、六頁都還沒有可以製造文中學習活動的機會，那麼我們也許應該檢討一下課文內容的性質，是不是太冗長、枯燥了。

㈣文中活動的效果

根據英國開放大學的經驗，在教材中插入文中活動，對學習效果有下列影響（Rowntree, 1994）：

1. 幫助學習者了解內容。

2.幫助學習者記憶內容。

3.幫助學習者應用內容。

4.幫助學習者了解自己對教材的掌握程度。

5.激發學習者對自身經驗的聯想。

6.激發學習者對環境的思考。

7.增加學習者練習的機會。

8.留下學習的記錄。

㈤不同層次文中活動的設計

文中學習活動雖然是要安插在各個不同的章節中，以配合學科內容的進行，但在活動的設計時，我們要依據學習目標的層次來規畫活動的型式，由於認知是課程教學中最主要的項目，因此，我們將以認知目標爲範圍，分爲：「記憶」、「理解」、「應用」、「分析」、「綜合」、及「判斷」等六個層次來討論文中活動的設計，並舉例說明之。

1.記憶層次的文中活動

這個層次的文中活動主要是要學習者複述剛剛課文所呈現的內容，以加深教材的印象，有利於學習者的記憶。這項文中活動的表示有如下例：

例：電腦系統的運算種類，主要分為哪兩類？它們各自包含哪些主要的運算？

2.理解層次的文中活動

這個層次的文中活動是要學習者反省課文內容的合理性，以協助學習者理解教材內容。

例：電腦為什麼會採用「二進位制」的數字系統？

3.應用層次的文中活動

應用層次的文中活動是要以實例驗證學習者的理解程度，或將抽象理論的了解化為日常生活的應用；作業練習、從事觀察活動、繪製圖表、進行專案等活動，都是觀念應用的實例。

例：請計算下列二進位數字的算術運算結果：
0111 + 1010 = ?
1011 * 0111 = ?

4.分析層次的文中活動

分析的文中活動是提供一些情境、實例或事實描述，要學習者依據文字教材內容所呈現的原理、法則加以分析，以加深學習內容的理解與活用。

例：如果將記憶體區分為「主記憶體」與「輔助記憶體」兩類，試將以下記憶體型式歸屬到這兩類中的某一類內：
A. 唯讀記憶體
B. 硬式磁碟
C. 暫存器

5.綜合層次的文中活動

這個層次的文中活動是要學習者整理、歸納文字教材所呈現的內容，或參看另一種媒體，以互相印證、補充文字的內容，建立更高階層的知識體系。

例：在提昇輔助記憶體的設備時，您會如何做抉擇呢？

6. 價值判斷層次的文中活動

這類文中學習活動的層次最高，它要比較多種概念或理論的差異，或反省自己的意見或喜好，以批判的眼光去判斷、權衡價值的輕重。

例：依您的看法，知識爆炸對我們的社會有什麼好的或不好的影響？

以上文中活動的設計，也許只是要學習者停下來思考、回憶幾秒鐘，也許要長篇大論的描述自己的觀點，也許要中斷課文的閱讀，單獨進行實作活動，甚或要呼朋引伴、互相切磋討論。總而言之，這些文中活動配合目標的設計，將改變了傳統上文字教材線性的、單調的學習路徑，讓學習者呼吸到動態的、有生命的課程知識。

㈥文中活動的回饋

對學習活動的回饋方式有「立即回饋（**immediate feedback**）」與「延遲回饋（**delay feedback**）」之分，也可分為僅告知對錯的「簡單回饋（knowledge of response）」與提供解說的「資訊回饋（**informative feedback**）」。在自學式教材的使用中，由於沒有實際教師的共同參與，學習者在練習或作業時，即使能獲知答案的對錯，但也不容易明白錯誤原因或了解如何演算正確的答案，因此教材本身最好能提供即時的回饋與正確答案的說明，或指明其它有用的參考資源。

㈦文中活動的記錄

自學式教材中的文中學習活動，在要求與學習者互動的情況下，常會要學習者實際動手完成一些問題，如果希望學習者在文字教材中直接作答，則要在教材中留下適當的空白。根據韓得森（Henderson, 1977）的調查，如果書中使用「封閉性的題目」（如：填充、選擇），只要在課本中留下空白，多半的學習者會一一作答，但如果書中使用「開放性的題目」（如：申論題或進行討論），即使在提供足夠的空間下，也只有小部分的學習者會做答。因此，我們設計文中學習活動的回答區塊時，要考量問題的性質來決定是否留下空白。

在自學式教材中留下學習記錄，對學習者未來要複習教材時，往往能提供思考的線索，迅速回憶起當時學習過程的認知狀態，以較短時間達到較佳的學習效果。

1. 摩根認為許多學習者採用「表面學習法」，放棄了有效的「深度學習法」；你在自己的學校情境中，有發現同樣的情形嗎？為什麼你的學習者會採用「表面學習法」或「深度學習法」呢？

2. 教材中的文中學習活動有哪些常見的型式？

3. 在教材中插入文中活動，對學習效果有什麼影響？

4. 什麼時機在教材中插入文中學習活動較適宜？

5. 你覺得教材中的文中活動是否要提供回饋？是否要留白？為什麼？

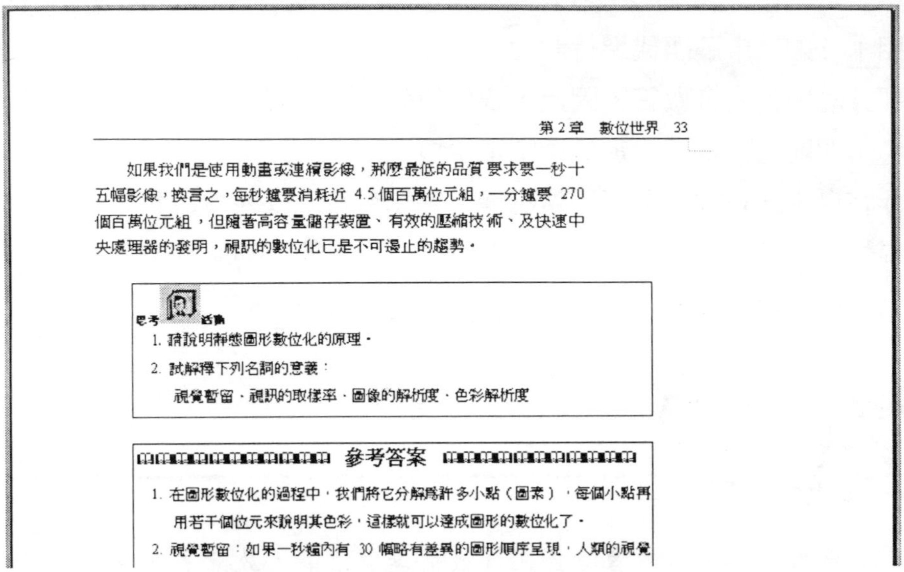

第2章 數位世界 33

如果我們是使用動畫或連續影像，那麼最低的品質要求要一秒十五幅影像，換言之，每秒鐘要消耗近 4.5 個百萬位元組，一分鐘要 270 個百萬位元組，但隨著高容量儲存裝置、有效的壓縮技術、及快速中央處理器的發明，視訊的數位化已是不可遏止的趨勢。

思考活動
1. 請說明靜態圖形數位化的原理。
2. 試解釋下列名詞的意義：
視覺暫留、視訊的取樣率、圖像的解析度、色彩解析度

參考答案
1. 在圖形數位化的過程中，我們將它分解爲許多小點（圖素），每個小點再用若干個位元來說明其色彩，這樣就可以達成圖形的數位化了。
2. 視覺暫留：如果一秒鐘內有 30 幅略有差異的圖形順序呈現，人類的視覺

圖 2-17　教科書的「文中學習活動」範例
（取材自國立空中大學課程「資訊科學導論」）

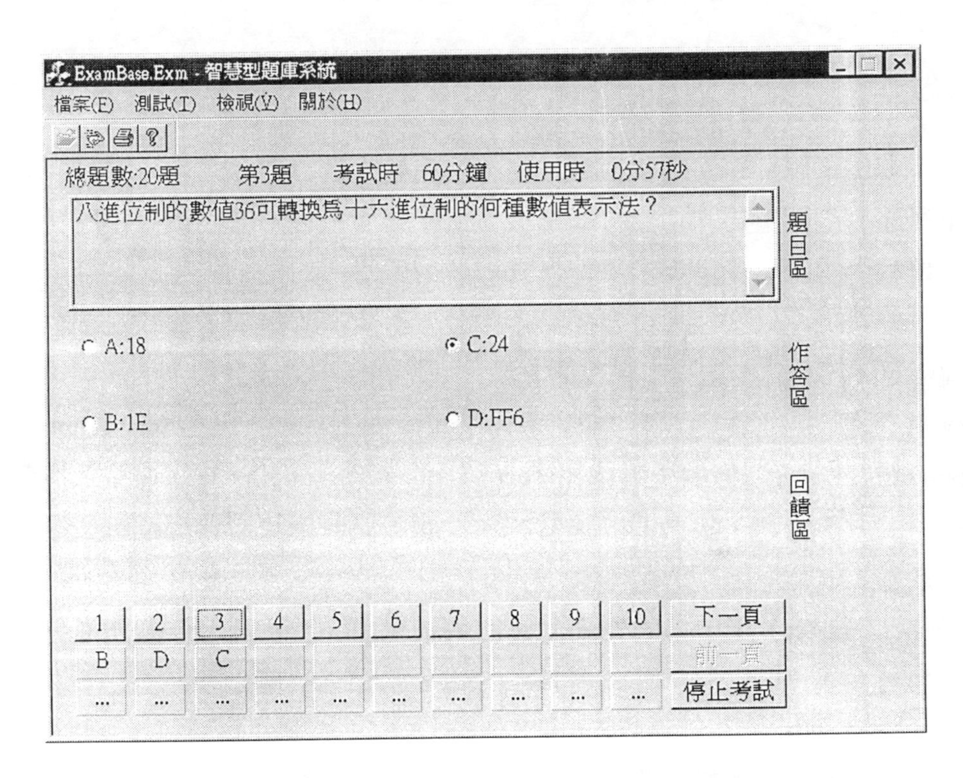

圖 2-18　教學軟體的「文中學習活動」範例

（取材自國立空中大學教學軟體「電子計算機概論」）

三、撰寫作業與評量題目

自學式教材中，常會有「作業題」或「自我評量題」，它們的功能雖然不盡相同，但都是在進行完某一大段的學習後，爲協助學習者「整理」所學內容而所從事的活動；這與「文中學習活動」是夾在一小段的教材內容中，以「引導」學習爲主要活動目的性質有所差異。

㈠作業題

「作業題」的安插，通常是在一個完整的教材單元之後；教材中的作業題有兩個主要的功能：一是要協助學習者整理、歸納單元中所呈現的教材內容，另一是要求學習者立即運用所學得的知識。

學習者在以文字教材自學時，由於沒有教師的指導，往往在學習過程中見木不見林，迷失了課程的主題，掉落在瑣碎的事實片斷的記憶中，或者學會了知識，但不知要如何應用，成了情境學習論（**situated learning**）學者所稱的「惰化（**inert**）」的知識。因此，為了有效掌握教材中的知識內容，我們要以適當的作業題，協助學習者整理剛剛所閱讀的教材。作業題除了整理教材內容外，更積極的意義是幫助學習者利用、遷移（transfer）所學得的知識到真實的情境中，並藉回答作業題過程中的思考及表達的活動，達成將靜態、惰化的知識，轉化、定位在學習者的認知體系中。

要求學習者做整理、歸納、利用、遷移等活動，事實上也可以是文中學習活動的一部分，但作業題使用的時機，比較偏重在一整章或一個較長的學習段落之後使用，而文中學習活動則著重在每一個小節或一個完整的觀念後，就即刻要做練習。

㈡評量題

評量是用來協助學習者確認學習成果，沒有適當的評量，學習者將很難去掌握自己學習的成效，更不用提檢核學習的困難了。

1. 評量的目的

教材中的評量活動，依其目的可以分為：安置測驗、鞏固測驗、診斷測驗及成就測驗等。「安置測驗」是用來判定學習者的學前知識與能力，以決定是否可以進行課程的學習，或是否可以省略部分的章節。「鞏固測驗」是用來協助學習者鞏固剛剛所學的內容，有些類似編序教材在每一小段後立即提出的問題。「診斷測驗」是以測驗的方式來檢查學習困難的癥結。「成就測驗」則是在完成一大段的學習後，檢測學習者是否達成學習目標。以上四種評量活動都是學習過程的品管工作，它使學習者了解自己的能力及努力的成果，同時為下一階段的學習鋪路。

2. 評量的標準

評量學習者能力的標準有兩類：一採絕對標準，稱為「效標參照評量（**criterion-referenced test**）」，另一採相對標準，稱為「常模參照評量（**norm-referenced test**）」。效標參照評量以一絕對的標準來評定學習者是否通過課程的學習，如：我國常採用的六十分及格制。常模參照評量則認為：絕對標準的評量沒有顧及學習者的個別差異，而且會影響學習者對課程的興趣，因此將所有學習者的成果以一相對於常態的分配圖，定出某一特定學習者所在的高低位置，如：百分位數等。

絕對標準與相對標準的評量，各有其適用的時機，但對自學式教材的設計來說，既然是自學，就很難以常模來框架他的成就等級，大部分情形下，採用絕對標準的效標參照方式應是較容易、而且也較適宜的做法。

3. 評量的功能

適當的在教材中實施自我評量，可以達成下列功能：

⑴確定學習的起點。

⑵藉測驗來引導、鼓舞學習的動機。

⑶診斷出學習的困難與問題。

⑷鑑定學習的效果，協助學習者建立良好的學習策略。

⑸讓學習者充分了解自己對教材掌握的程度。

4.評量的型式

自學式教材中，認知成就的評量題目其常用的型式有：「選擇」、「是非」、「塡充」、「配合」、「重組」、「簡答」、「申論」等，我們可以依教材的性質及教學目標的種類，來決定評量題目的命題方式，不過要注意的是：評量一定要配合學習目標，來檢核學習者是否完成課程的學習，而不應是教師或課程專家刻意貶抑學習者的成績，以彰顯自己在學術領域中的崇高地位。

1. 你認為教材中的「作業」有什麼功能？

2. 教材評量的標準有哪兩類？自學式教材要採用哪一類較妥？為什麼？

史重演，今日就讓我們一起努力來了解、掌握資訊科技的特質及發展趨勢吧！

作業

1. 請說明將聲音數位化的方法。
2. 請說明將一張圖片數位化的方法。
3. 請列舉生活中的五項活動，並想像數位化科技將能對它們產生什麼影響。
4. 數位化對我們的生活會帶來什麼危機嗎？請說明您自己的看法。
5. 試解釋下列名詞的意義：
   A. 聲音的取樣率
   B. 聲音的解析度
   C. 視訊的取樣率
   D. 圖像的解析度
   E. 色彩解析度

圖 2-19　作業範例

（取材自國立空中大學課程「資訊科學導論」）

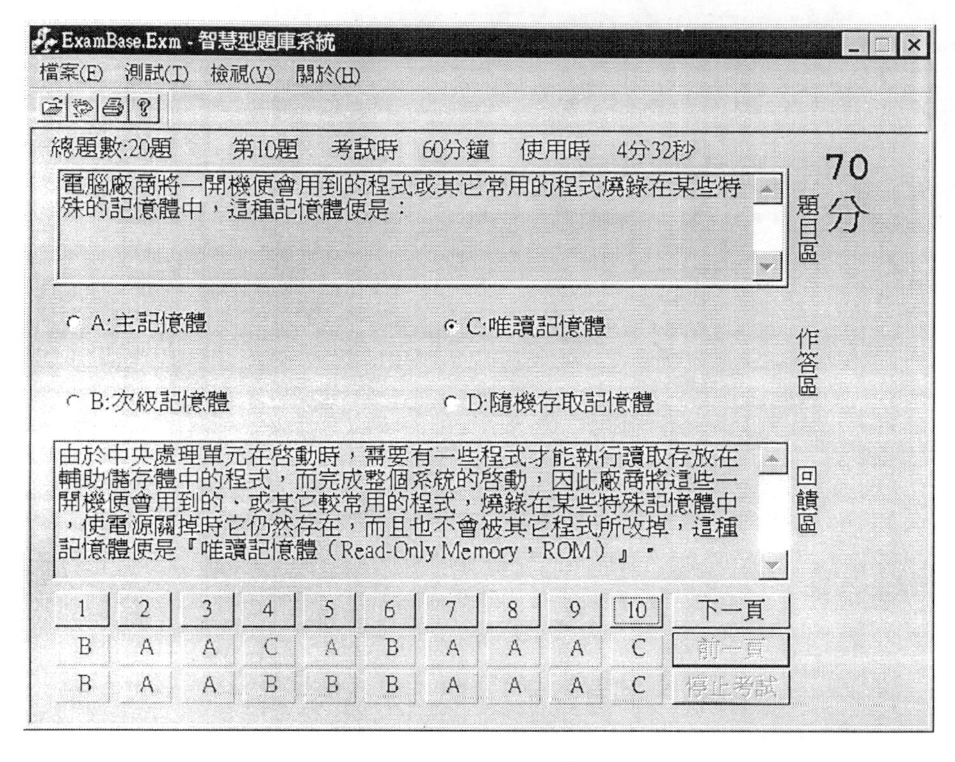

圖 2-20 評量範例

（取材自國立空中大學課程「資訊科學導論」智慧型題庫軟體）

四、撰寫媒體配合指引

教材媒體的種類繁多，其花費的成本及所發揮的功能也不相同，索羅門及克拉克（Salomon & Clark, 1977）主張：每一種媒體都有它的特質，在教學時能發揮某些特殊的功能；譬如：「電視」可以突破時空限制，展現縱橫古今、跨越萬里的視訊資料，它又可以利用鏡頭的伸縮、慢動作、停格等效果，來促成學習者心理的變化，提昇學習成效。相對的，「電腦」則可以管理學習者進度，提供立即回饋，促成個別化的學習。媒體各有長處，我們要有良好的設計，並與其它媒體共同配合，來發揮最大的學習效果。

現代的自學式教材朝向多元媒體的型式發展，早已不再只侷限於教科書或印刷媒體而已。我們可以「教科書」為平台，配合課程內容的特性，採用多種不同的媒體，以解釋、示範、實作文字教材的內容，並將這些多元媒體以組合的方式，完整包裝成為「套裝教材（**learning package**）」，方便學習者的使用與攜帶（楊家興，民85b）。

在文字教材中，選擇、搭配使用其它媒體的時機及其注意事項，說明如下：

㈠音訊媒體的使用

除了語言類的課程絕對必須以音訊為主要媒體外，一般自學式教材採用「音訊」做為學習的媒體時，都有它的經濟性與方便性的考量。

平常選擇使用音訊的時機，多半是在講解抽象的觀念、人物專訪及多人座談時。這些內容並不需要插入圖片或使用視覺符號，與其使用昂貴的錄影帶播放一個滔滔不絕的「說話人頭（**talking head**）」，或大費周章的在電腦中啓動軟體來呈現語音檔案，不如採用廣播節目或錄音帶，不但製作成本低、使用方便，而且學習者可以邊做事邊學習，達到較好的時間運用。

不過要注意的是：使用音訊媒體時，因為沒有視覺的「提示（cues）」，學習者可能會分不清聲音的來源（誰在說話），也不容易立即記得講過的內容，所以製作音訊媒體時，要運用個人語音的特質或由主持人報名引導發言，說話要緩慢、清晰，內容份量不要過多、常做重複整理。此外，在課程中的文字部分，要提供對此音訊媒體的「註解（notes）」，說明音訊與本文內容的關聯、解釋使用媒體的目的、總結媒體的主要內容，並做後續活動的建議。

㈡視訊媒體的使用

一般人都是「眼見爲信（To see is to believe.）」，這使得視覺資訊的說服力極強，同時，「視訊」也是最富於感情的媒體，極適合達成情意上的目標。視訊教材能：提供第一手資料（現場報導、球賽）、表達肢體語言、剪輯橫跨時空的資料、呈現物件的三度空間、表示動作連續的狀態，做停格或慢動作時又能突顯焦點，比起文字描述，視訊擁有更豐富的學習線索，可以做爲學習探索的情境（context with embedded information）。

視訊是極受學習者歡迎的媒體，但它的製作成本相當高，使用上必須有固定的設備，對無法定時、定點學習的使用者並不方便；只有在課程內容適合圖形表現，而且學習者能方便的使用所需的視訊設備時，才值得採用（Kirkwood, 1995），否則將得不償失，投注了大筆花費，卻達不到預期的效果。此外，由於視訊本身包含的意義豐富，可做多方面不同的解讀，因此，在課本教材的文字中，也要有適當的媒體註解，以建立視訊與文字教材的搭配，最好能再伴隨討論的活動，使視訊教材的意義更清楚、具體的被學習者所吸收。

㈢電腦媒體的使用

「電腦媒體」運用在文字教材中的機會有二：一是做爲學習的對象，一是做爲學習的工具。電腦本身做爲學習的對象時，文字教材中，每隔一段概念知識的敘述，就要安排有上機實作的機會，以收理論與實際相輔相成的效果；在文字教材中，甚至應另編實習手冊，或至少有實習題目的編撰。

如果電腦是用來做爲呈現教材內容的工具、或做爲模擬或測驗等學習的工具時，由於現在的電腦大多具有「多媒體（**multimedia**）」的功能，其記憶容量龐大、執行速度極快，而且能表達豐富、精采的文字、影像、聲音、動畫、及至三維特效，如果適當的設計其控制功能，可以達到耐心、有智慧及個別化教學的理想。

使用電腦媒體來協助教學，曾掀起一陣風潮，但電腦本身並不保證學習的效果，只有電腦中的內容及其教學策略才是最重要的關鍵；在文字教材中，我們也必須以註解來說明使用電腦媒體的目的，並指示學習者使用的方法。

㈣網路媒體的使用

「網路」運用在教育上有幾種主要的功能：做為「教材的資源」、做為「溝通的工具」、及做為「教學的媒體」。當網路做為教材的資源時，教師必須事前將補充教材放在網路上，或事前先瀏覽、確認相關的教材資源，再要求學習者上網參考。網路做為溝通工具的使用方法，可能是要求學生用電子郵件繳交作業，或利用電子公佈欄、線上交談系統與同學互相切磋。網路做為教學的媒體，是在網路上所提供的教材本身即含有教學的設計，學習者可在網路上瀏覽的同時得到有用的指導，此外，學習者也可以與教師利用網路會議的型式進行即時的線上教學。

網路媒體運用在教學過程中，依其所扮演的角色會發揮不同的功能，如果我們在文字教材中要使用網路媒體，我們必須先有一定的教學目的，再事前計畫、準備相關的網路環境，在文字教材中要有清楚的指示，以免學習者上網後不知所措或迷失方向；使用網路後，一定要有整理活動，歸納學習者在網路上的經驗，融入個人的認知體系中。

㈤實物媒體的使用

實物媒體搭配文字教材的使用，最主要的功能就是提供真實、具體的經驗，協助學習者了解文字教材中抽象的觀念，或藉由對實物的操弄，熟悉特定的技巧。如果教學的目的是前者，實物媒體務求能具體顯示觀念中的特質；如果教材目的是後者，文字教材中要清楚指示操弄的方法、程序及要求的標準。

㈥多元媒體組合教材的使用

現在許多教學機構在製作教材時，往往直接在科技的潮流下，選擇一種最時髦的媒體與教科書搭配學習，在型式上似乎符合「多元媒體」的規範，但決定採用什麼媒體並不是基於課程目標或知識內容的需求，而完全是政治或商業利益的考量，這在本質上違反了多元媒體教材設計的精神。真正的「多元媒體組合教材」則強調不要侷限於某種媒體，要根據學習的目標、課程內容的性質及學習者的特質來決定媒體的種類（楊家興，民 85b）。

課程內容可以選擇不同的媒體型式來表現，但在整合這些媒體時，還是要以「文字」爲平台，其它媒體做爲輔助。由於我們的認知體系是將事實類化爲抽象的概念，因此以表達抽象意念的文字爲終極目標，用其它媒體來輔助了解、記憶，似乎較符合學習的需求。

組合使用多種教材媒體時，在理論上儘量要配合文字教材內容的性質，但實際應用上，一個單元教材內，忽而書本、忽而錄音帶或錄影帶、忽而開電腦、忽而上網路，不但使用上極不方便，而且將會嚴重干擾學習活動的連續性與方便性。因此，最好不要將多種媒體混用在教材的單元細項中，必要時將媒體的使用集中在課程單元的前方或後方。此外，使用多元媒體組合教材時，最好能搭配「學習進度表」，協助學習者掌握學習的時程，不致遺漏重要教材媒體的學習，表 2-7 是個學習進度表的範例。

表2-7　學習進度表範例

「資訊科學導論」學習進度表					
週次	教科書	錄音帶	錄影帶	電腦磁片	備註
1	第1、2章	第1、2章摘要		第一篇測驗	
2	第3章	第3章摘要	第3章錄影節目	電子書	
3	第4章	第4章摘要	第4章錄影節目		
4	第5、6章	第5、6章摘要		第二篇測驗	約第一次面授
5	第7章	第7章摘要			
6	第8章	第8章摘要			
7	第9章	第9章摘要		第三篇測驗	約第二次面授
8	第10章	第10章摘要	第10章錄影節目		
9	複習			期中測驗	約期中測驗
10	第11章	第11章摘要	第11章錄影節目		
11	第12章	第12章摘要	第12章錄影節目		
12	第13章	第13章摘要	第13章錄影節目	第四篇測驗	約第三次面授
13	第14章	第14章摘要	第14章A、B錄影節目		
14	第15章	第15章摘要	第15章錄影節目		
15	第16章	第16章摘要	第16章錄影節目	第五篇測驗	
16	第17、18章	第17、18章摘要			約第四次面授
17	第19章	第19章摘要		第六篇測驗	
18	複習			期末測驗	約期末測驗

1. 什麼是「套裝教材」？

2. 在教材中要如何來指引學習者使用不同的媒體？

音訊

1. 請利用開車、做運動、家事或其他方便的時間，聆聽錄音帶片斷 A-7，需時約 10 分鐘。
2. 本段音訊配合教科書第 7 章全部，將整章內容摘要敘述，供正式學習本章前的準備或學習後的整理。

圖 2-21　媒體指引範例

五、調整讀取結構

在以自學式教材進行學習的過程中，學習者不只是線性的、被動的接受資訊，他們要將所接觸的資訊，主動的組成有意義的認知體系。因此，在呈現教材內容時，設計者要能在事前架構知識大綱，並依適當的組織順序來引導學習者進行學習、發現重點，而不可以只是堆積、呈現一些知識片斷而已。

藉教材的組織型式來協助學習者建構知識體系並讀取資訊的方法，我們稱爲「讀取結構（**access structure**）」，讀取結構是用來協助學習者建立及掌握知識的體系，並且對學習者在快速搜尋教材中的特定資訊上，有極大的助益。

讀取結構的設計，早在架構課程內容時就應開始，一個非常結構化的課程大綱，很容易就可以轉化爲教材的讀取結構，但如果在撰寫課程內容時，並未充分組織課程知識的體系，到內容編寫完成時，仍可藉讀取結構的建立，來重組教材的內容大綱。

㈠層級化標題的結構

讀取結構的建立，主要是利用各種不同層次的「標題」來提供知識結構化訊息。首先，我們將教材內容模組化，全書分爲若干篇章，每個章次再往下分節及小節，小節內再細分至敘述一個完整概念的項目，每個項目再包含若干段落，全書標題層次分明，將教材清楚的架構起來。

這些不同層次的標題不但可以建立結構化、垂直的檢索機制，而且其層級結構可以形成類似奧薩貝所主張的**「導進組體」**，引導學習者將課程內容中的大小層次標題轉換成爲認知結構體系中的**「著錨點」**；像這樣以清楚的標題架構協助學習者建立認知體系，我們可說讀取結構提供了充足的**「鷹架資訊」**。

㈡功能區塊的結構

除了層次標題外，我們也可以將教材中每一章次的內容，切割爲不同的「區塊」，如：「學習者目標」、「大綱」、「概念說明」、「例證」、「文中活動」、「結論」、「作業題」、「測驗題」等區塊，在各個區塊中，以書側關鍵字、不同顏色的重點標示、歸納式圖表、或各種區塊圖示符號（icon）等，來迅速總結區塊中的文字資訊。這種以圖形方塊排列不同性質教材的方式，與宏恩（Horn）所提的**「圖化資訊（information mapping）」**理論相一致。

宏恩將教材中所有的文辭、圖表，劃分爲**「資訊方塊（information block）」**的表達方式。所謂「資訊方塊」是指教材中性質相似而有別於其它教材部分的一段文詞敘述或圖表，所有相同類型的方塊，都成爲一個個的模組，宏恩分類出高達三十八種的資訊方塊，諸如：定義、例證、反證、程序等等，每種方塊在教科書上，都以頁緣上不同的標幟來指示其內容性質，因此很容易可以區分出每一個文字方塊內容的性質。

這些以各式功能區塊或資訊方塊所建立起來的讀取結構，除了能提供較好的資訊組織外，它們還提供了額外的「型式資訊（**format information**）」。學習者透過瀏覽這些區塊的圖示或其中某些特定的重點型式，可以快速的找到所要的資訊。

㈢讀取結構呈現的型式

一個充分建構讀取結構功能的自學式教材，其呈現的型式可能包括有下列結構：

1. 封面：使本書從眾多書籍中脫穎而出。
2. 內容目錄：描述本書中的主要內容範圍。
3. 課程結構圖：以圖形引導學習者了解目前學習內容的結構及其在全書體系中的位置。
4. 學習目標：敘述學習本章的具體要求。
5. 內容大綱或摘要：描述本章內容的結構。
6. 引言：幫助學習者回憶舊經驗、指引學習的方向，並導入新的學習內容。
7. 各級層次標題：利用文字、數字或項目符號，來架構課程知識的層次體系。
8. 段落切割：依教材內容所含概念的數目，來切割爲多個段落。
9. 文字引述：在段落的敘述中，用文字（如：首先、其次、最後等）來切割說明。
10. 參照圖表：利用圖表來歸納整理文字的說明。
11. 文中活動：整理某一小節的教材學習。
12. 參照其它媒體之指引：跳至其它教材媒體，來鞏固教材內容的學習。
13. 圖像標示：標示教材內容的各類功能區塊。
14. 關鍵詞：指示文字教材中的重點。
15. 書側章節標示：指示各章節所在的位置。

16.結論：總結該章節內容的敘述。

17.練習題或作業題：檢驗、練習每一章中所學的主要內容，並能應用到其它情境中。

18.參考資料：指示進一步研究課程內容時所可參考的文獻。

19.辭彙集：歸納全書重要的關鍵字詞。

20.索引：建立隨機、水平式的資訊檢索。

21.學後測驗：檢測學習者是否能達成學習的目標。

22.參考答案：提供學後測驗結果的檢驗，並解釋測驗的答案。

1. 什麼是「讀取結構」？本書中提到哪兩類的讀取結構？

2. 配合教材的發展流程，你認為理想中教科書的讀取結構可以包含哪些型式？

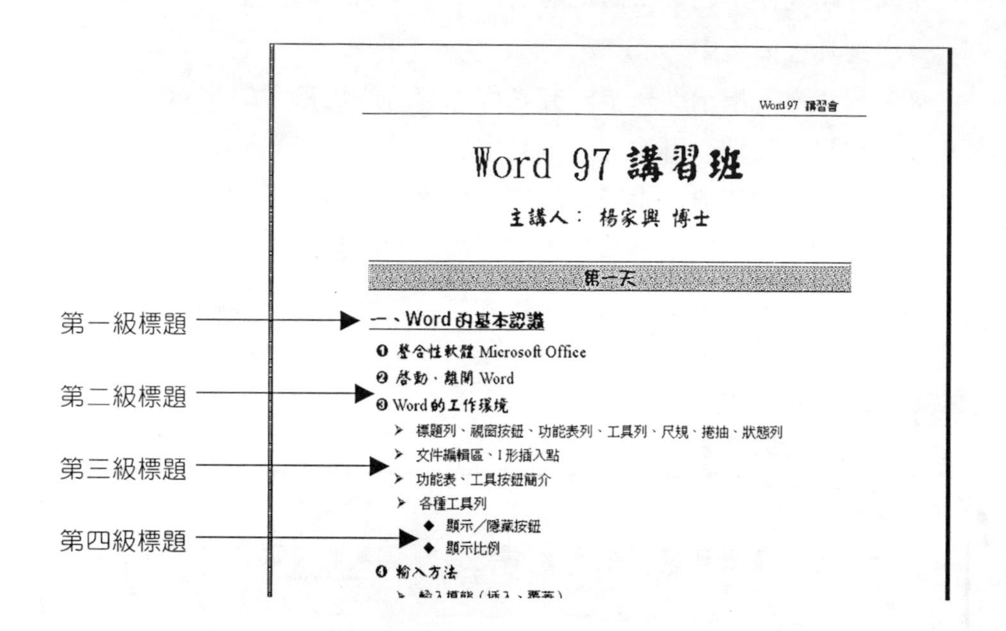

Word 97 講習會

Word 97 講習班

主講人： 楊家興 博士

第一天

一、Word 的基本認識

❶ 整合性軟體 Microsoft Office

❷ 啟動、離開 Word

❸ Word 的工作環境

- ➢ 標題列、視窗按鈕、功能表列、工具列、尺規、捲抽、狀態列
- ➢ 文件編輯區、I 形插入點
- ➢ 功能表、工具按鈕簡介
- ➢ 各種工具列
  - ◆ 顯示／隱藏按鈕
  - ◆ 顯示比例

❹ 輸入方法

圖 2-22　讀取結構範例

（取自楊家興 Microsoft Word 97 研習會講義）

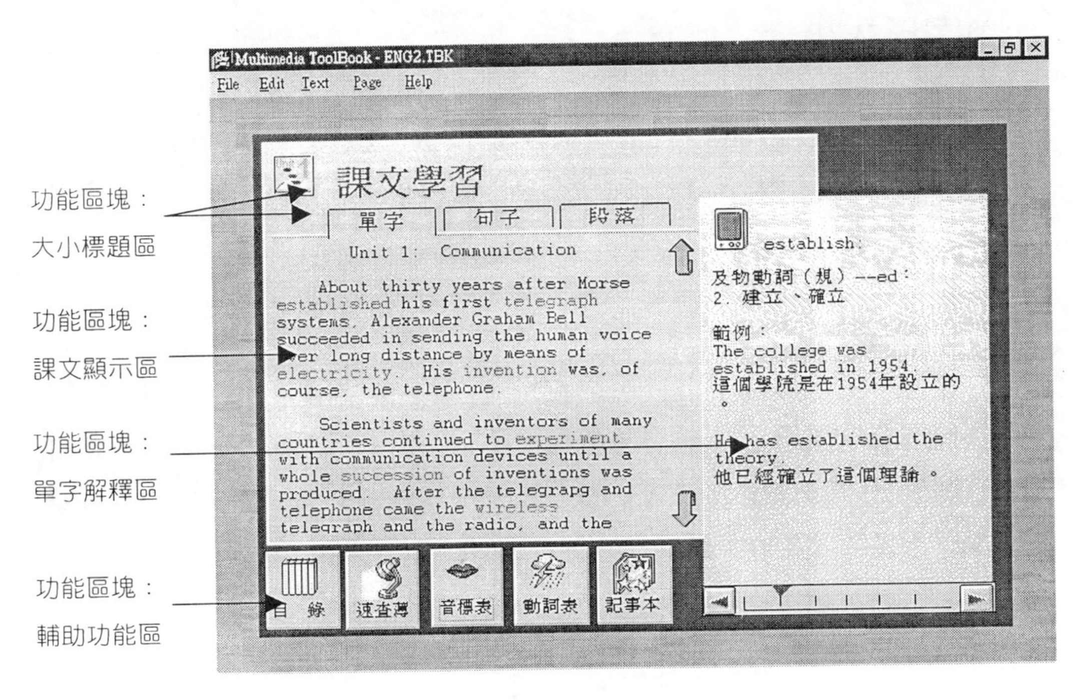

圖 2-23　教學軟體的「功能區塊」範例

（取材自國科會「英語科多媒體教學模式研究」專案）

六、決定印刷樣式

「印刷排版型式（**typography**）」是編輯、排版教科書的慣例或法則，它的設計不僅關係到教材的印製成本或賞心悅目與否，而且能影響學習者學習的興趣與效率（Hartley, 1995；Macdonald-Ross, 1995；Kemp & Dekkers, 1995）。

印刷排版是針對書本教材的型式所做的設計，它所考慮的因素主要有下列幾項：

(一)字形大小

主要字形在書本教材上呈現出來的大小，這將會影響學習者閱讀時的吃力與否，我們常以每一吋使用多少點解析度來表達，如本行文字爲 11 點字體。

(二)字體種類

使用中文楷書、宋體、明體或英文 Times、Bookman 等字體，字體如果過於平板或肥厚，則閱讀時會覺得容易疲倦；例如：英文中的「Arial Font」字體，字母的筆劃沒有多出一些修飾的小圓點，比起「Times Font」就顯得很平板。而中文的「勘亭流體」比起「細明體」就顯得很肥大、較少變化的感覺。

(三)字型粗細

教材文字使用粗體、斜體、底線等型式，這些字型的變化可以突顯、強調出重要的內容，但用多了會讓人眼花撩亂，反而搞不清重點。

(四)色彩、網底

在教材中採用不同顏色的文字或在文字上加網底，可以顯示重點，但如同字型的變化般，過度使用色彩及網底，將會模糊重點。

(五)字間距

文字間的距離會影響閱讀的速度，涂利斯（Tullis, 1983）在研究過文字密度與閱讀表現的關係後，結論為兩者的關係呈倒U字形狀（如圖2-24），文字密度過疏，固然浪費時間在換行、翻頁上，但文字密度過高，則閱讀的困難增加，速度將會變慢，而且學習效果降低。

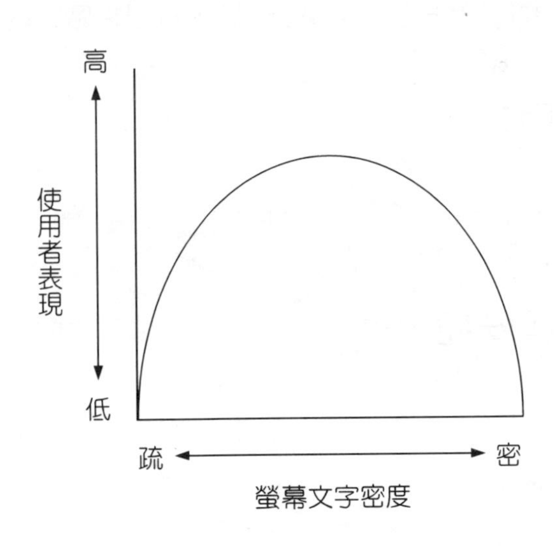

圖 2-24　文字密度與閱讀表現關係圖

㈥行間距

行與行間距離的多少，也同樣影響文字的密度，過高或過疏都會有不良的結果。

㈦文字對齊方式

段落文字採置中、靠左、靠右或左右對齊等方式，適用在不同性質的內容段落上。對於標題多採置中或靠左，一般文字內容則採靠左，有些書籍為了美觀起見，會採左右對齊，但以英文來說，右邊完全對齊反而不如參差不齊來得容易閱讀。

㈧縮排

每一段落的首行縮排及全段落的縮排，可用來區分內容的層次結構。

㈨註腳及引用

對內容的註解或引用的說明，具有資源參考、連結的目的。

㈩圖表編號與安插

圖名或表名的編號及其位置的安排，應符合一般的慣例，圖名應在圖下方置中，而表名則在表上方置中。

⑾斷頁

特別是有圖表時，斷頁會影響閱讀的方便性，必要時，應移動文字內容的段落位置。

⑿區塊圖像

設計特別的圖像來代表教材中不同的功能區塊，這些圖像必須易懂、易辨識。

⒀框格欄位

全書內容呈現的欄位數、是否使用框線等考量；一般來說，採用B5格式以下的印刷教材，多用單一欄位；較大本的印刷教材，則可能依是否有插圖而決定要不要使用多重欄位。

㈣書頁邊距

對自學式教材而言，書頁的上下左右充分的留白距離，不但可以「軟化（soften）」教材給學習者艱澀的印象，而且也是學習者可以在教材文字中，加註學習心得的空間。充分的留白，是自學式教材異於一般教科書的特點之一。

㈤書側標籤

書本側邊是否建立章次的標籤指示，可提供學習者快速的檢索。

㈥頁首標題（running head）

每一書頁之頁首行是否要有章節標題或頁次，這種標題結構具有如同鷹架協助建物般，引導學習者歸類吸收知識的功用。

㈦頁尾

每一書頁之頁尾行是否要有章節標題或頁次等訊息，常與頁首的設計一起考量。

㈧書頁方向（直橫排）

全書書頁之排印方向，這同時影響書籍在書架上排列的位置；一般在不遷就圖形的安插時，應儘量採用直立式（portrait）書頁，橫式（landscape）書頁不方便書籍的整理取用（Macdonald-Ross, 1995）。

㈨書頁大小

全書書頁之大小，依使用方式，採手冊者選擇較小書頁，一般桌上閱讀取B5 或 A4 較合適，也方便影印使用，目前是國際間通用的標準。採 A4 大小時，還須考量上架的困難較高。

㈩書頁左右對稱

書籍編列要左右對稱，但配合教材的裝訂方式，書頁內側應有足夠的空間。

㈪紙質及書重

採用紙張的磅數及顏色時，特別注意反光及文字透印到背面的問題；而書本的重量則以不超過 0.75 公斤爲宜，太厚的書籍容易破損，也不便攜帶。

㈫裝訂方式

學習者對學科教材閱讀的次數，遠超過對休閒式書籍的閱讀次數，因此，教科書的裝訂的方法一定要堅牢、耐久；一般在書側刷膠固定的方式，絕不適合教科書，至少要用線縫的方法才能禁得起學習者的翻閱。

㈬封面設計

書籍封面設計、版權聲明、及引註參考資料。

㈣成品包裝

最後成品之包裝要考慮是否有其它搭配媒體，要如何使攜帶方便又提供足夠的保護；在混用多種媒體的套裝教材上，我們應採用封套或紙盒來整理並保護內含教材。

1. 如果你要出一本教科書，在印刷排版的考慮因素上，你會做何決定？為什麼？

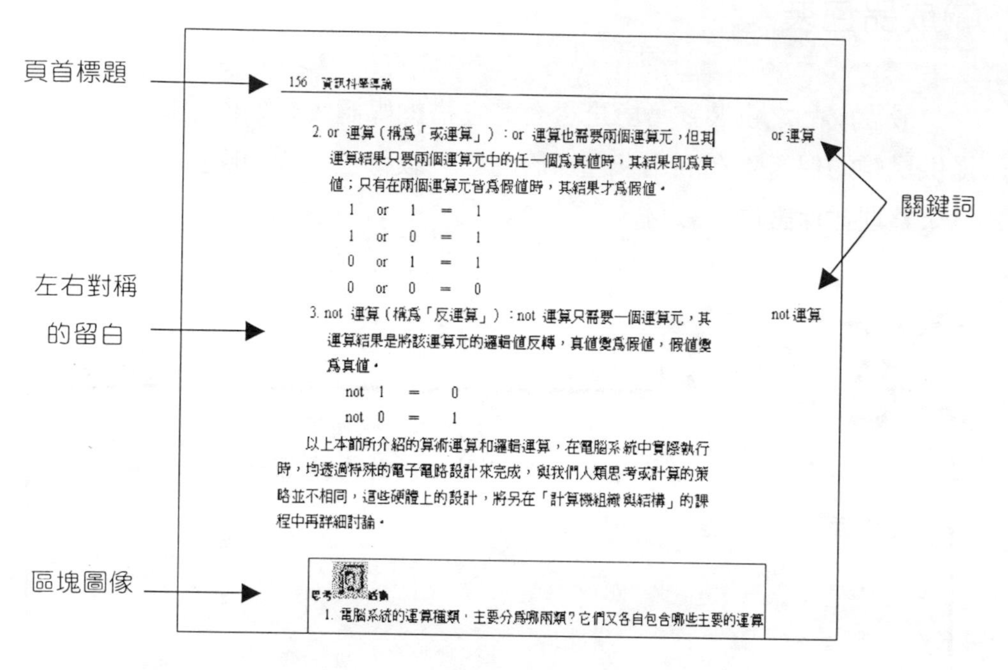

156 資訊科學導論

2. or 運算（稱為「或運算」）：or 運算也需要兩個運算元，但其運算結果只要兩個運算元中的任一個為真值時，其結果即為真值；只有在兩個運算元皆為假值時，其結果才為假值。 — or 運算

1 or 1 = 1

1 or 0 = 1

0 or 1 = 1

0 or 0 = 0

3. not 運算（稱為「反運算」）：not 運算只需要一個運算元，其運算結果是將該運算元的邏輯值反轉，真值變為假值，假值變為真值。 — not 運算

not 1 = 0

not 0 = 1

以上本節所介紹的算術運算和邏輯運算，在電腦系統中實際執行時，均透過特殊的電子電路設計來完成，與我們人類思考或計算的策略並不相同，這些硬體上的設計，將另在「計算機組織與結構」的課程中再詳細討論。

思考活動

1. 電腦系統的運算種類，主要分為哪兩類？它們又各自包含哪些主要的運算

圖 2-25　教科書中的印刷樣式範例

（取材自國立空中大學課程「資訊科學導論」）

肆 評鑑階段

評量是一個永無休止的迴路，它的結果可用做未來修改或重新設計成品的依據。因此，除非產品不再繼續使用，否則，評量的工作應該不斷的進行下去。儘管在發展階段中，我們已經有了一連串的形成性評量，但在本階段中，我們仍然要有其它的「形成性評量」與「總結性評量」。

在完成初稿尚未正式發行前，教材必須先執行兩道的評量，第一道交由專家學者來檢核其品質，稱為「專家評量（expert review）」；另一道評量則交由少數的學習者來實際試用，稱為「前驅測試（pilot test）」。在本質上，這兩道評量都是形成性評量的一部分，專家評量著重在以有經驗的專業學者，對教材的內容與設計提供客觀、專業的建議。前驅測試則由少量學習者在實際的教學環境中進行試用，以檢測教材的成效。

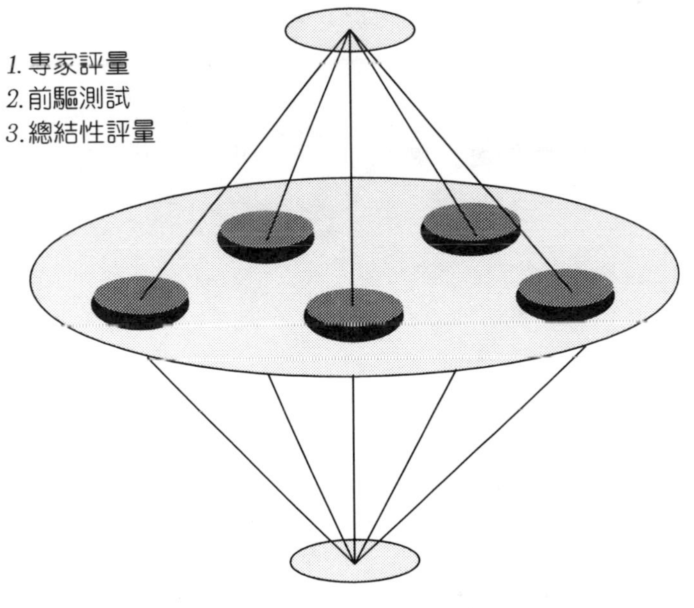

圖 2-26　評鑑階段

如果這兩項形成式評量的結果令人滿意，那麼教材的開發工作就告一段落，可以進行教材的發行與推廣使用。但為了了解教材能否適應環境的變化，我們必須定期舉辦「總結性評量（**summative evaluation**）」，檢測評估其適用性，以確實保證教材在學習上的效果。

1.「形成性評量」與「總結性評量」有什麼不同？

2. 在教材的設計製作過程中，你會採用哪些評量活動？

一、專家評量

「專家評量」是在文字教材的開發過程中，邀請專業人員提供客觀的意見供教材製作者參考。進行專家評量的專家可以是：課程內容的專家、教學方法的專家、媒體製作的專家及熟悉行政支援的專家等人，從各種角度來提供教材改進的意見。

㈠評量項目

在進行評量的專家們，以他們自己的專長爲本，所評量及提供建議的項目應包括下列各項：學習目標、教材內容、教材結構、文字用語、教學活動、作業題目、測驗題目、印刷格式、整體包裝等。

在進行專家評量時，由於從事評量的人員都是教材、教學、媒體或行銷各領域的專家，我們的問卷評量項目儘量要以明確的項目，求出專家們的意見，不要以印象或感覺來做籠統的判斷。在問卷設計上，我們可以採用「李克特式五點量表（**Likert Scale**）」或用「檢核表（check list）」的型式，分項檢核；由於專家評量的目的，並不在於評定等級，因此，每個評量項目都要留下相當的空間，讓專家能具體寫下修正改進的意見。以下我們提供一份評核表如表 2-8，供做專家評量時的參考。

表 2-8　教材製作專家檢核表

教材製作專家檢核表	
教材內容的項目分析	請條列說明意見
❶ 學習目標 是否能完成教學目的？ 是否涵括重要學習活動？ 是否具體清晰？ ❷ 教材內容 是否符合教學目標？ 是否重要？ 是否完整？ 是否正確？ 是否最新資料？ 是否難易適中？ 是否前後一致？ 是否整體份量適當？ 是否比例分配恰當？ ❸ 教材結構 是否層次分明？ 是否邏輯連貫？ 是否明顯容易掌握？ 是否重點一目了然？ 是否有目錄大綱？ 是否考慮先備知識？ ❹ 文字用語 是否簡單淺顯？ 是否生動活潑？ 是否清楚明白？ 是否優美流暢？ 專有名詞有否解釋？ ❺ 教學活動 是否充分提供學習活動？ 是否有多種變化？ 是否引起參與的興趣？ 是否能激發思考？ 是否符合學習需求？ 是否充分舉例並表達清楚？ 是否充分利用圖表？ 圖表是否與內容相輔相成？ 是否運用多重管道的學習？ 媒體運用是否恰當？	

❻ 作業題目 是否包括所有重要內容？ 是否包含實際生活經驗的應用？ 是否題目型式有變化？ 是否份量適中？ 是否題意清楚？ 有無提供回饋？ 回饋是否有益於學習？ ❼ 測驗題目 是否符合學習目標？ 有無著重高層次思考？ 是否有信度與效度？ 是否難易適當？ 是否兼具多種題型？ 是否配題比例合理？ 題意是否清晰？ 是否提供參考答案及說明？ ❽ 印刷格式 是否賞心悅目？ 是否紙質良好？ 是否字體清晰？ 圖形有無色彩上的困難？ ❾ 整體包裝 是否攜帶方便？ 是否裝訂牢固？ 是否使用方便？ 是否價格合理？ 是否庫存容易？	
其它建議： 評量者簽名：＿＿＿＿＿＿	

㈡評量程序

專家評量進行時，我們可以將文字教材的初稿「郵寄」給專家個別審核，我們也可以邀請專家們到教材發展機構中，由教材撰寫人員向他們做簡報說明，由專家在現場做評核及建議。「現場」評量的型式，可以是由專家一個個的進行，但最好還是兩三個人同時進行，主要的理由不僅是較節省時間，而且有一個以上的專家來評鑑時，能有互相啓發激勵的效果，觀察問題較深入。

就被評量的教材製作者來說，保持開放的心胸，虛心接受批評與指教，是基本的態度。在評量過程中，製作者可以對評量者的質疑提出說明，但如果不容易保持平靜心態，寧可採用「腦力激盪術（**brain storming**）」的方法，鼓勵專家自由、隨興的發表意見，教材設計人員只是聆聽並記錄問題，並不答辯任何質疑，等評量結束時，再一一過濾整理專家們的意見，並採用其中可用部分的意見。

1. 在邀請專家來提供評量意見時，你會如何安排活動的進行？使用什麼表格？

2. 什麼是「腦力激盪術」？

二、前驅測試

所謂「前驅測試」是將文字教材的初稿交由取樣出來的少量學習者，試用在小規模但真實的教學環境中，以檢測教材的成效。在這測試中，學習者樣本是從未來實際使用該教材的學習者群中選出，所有測試施行的程序，一如正式使用文字教材時一樣。

前驅測試的實行，也可以簡化成只是選用若干個可能的學習者，讓他們直接閱讀、使用文字教材的初稿，並提供困難及改進的意見。這種簡化的方式，在設計及發展階段也常被採用，稱爲「使用者評量」。

根據這測試的結果，我們可以對在發展中的教材進行修正補強，但如果是大幅度的修改，那麼在修改完成後，我們應該考慮再進行另一次前驅測試，以確定修改後的效果。

前驅測試所使用的評量問卷應不同於專家評量；由於前驅測試的評量人員都是實際的學習者，他們不必是教材或教學的專家。因此，我們的問卷評量項目固然要逐項要求學習者反應所感受到的問題，但學習者整體的感覺也是極有價值的資料；因此，我們可以藉由開放性的問題，來了解學習者整體的意見。本書附有使用者評量問卷如表2-9，可供參考。

1. 什麼是「前驅測試」？

2. 教材製作完成前，你要如何安排前驅測試？

表 2-9　教材使用者評量問卷

教材使用者評量問卷					
1. 使用者基本資料 年齡、性別、職業、學校、教師、使用教材時間、成績、等級等。					
2. 教材內容的項目分析	極同意	同意	無意見	不同意	極不同意
❶ 學習目標					
能達成學習目的	1	2	3	4	5
目標具體清晰	1	2	3	4	5
❷ 教材內容					
符合教學目標	1	2	3	4	5
符合學習需求	1	2	3	4	5
難易適中	1	2	3	4	5
前後一致	1	2	3	4	5
整體份量適當	1	2	3	4	5
比例分配恰當	1	2	3	4	5
❸ 教材結構					
層次分明	1	2	3	4	5
邏輯連貫	1	2	3	4	5
明顯容易掌握	1	2	3	4	5
重點一目了然	1	2	3	4	5
考慮先備知識	1	2	3	4	5
❹ 文字用語					
簡單淺顯	1	2	3	4	5
生動活潑	1	2	3	4	5
清楚明白	1	2	3	4	5
優美流暢	1	2	3	4	5
專有名詞解釋清楚	1	2	3	4	5
❺ 教學活動					
有助於學習	1	2	3	4	5
能引起參與的興趣	1	2	3	4	5
能激發思考	1	2	3	4	5
符合學習需求	1	2	3	4	5
舉例清楚	1	2	3	4	5
圖表與內容相輔相成	1	2	3	4	5
媒體運用恰當	1	2	3	4	5
❻ 作業題目					
包含實際生活經驗的應用	1	2	3	4	5
份量適中	1	2	3	4	5
題意清楚	1	2	3	4	5
回饋有益於學習	1	2	3	4	5

❼ 測驗題目					
符合學習目標	1	2	3	4	5
難易適當	1	2	3	4	5
配題比例合理	1	2	3	4	5
題意清晰	1	2	3	4	5
參考答案及說明有助於學習	1	2	3	4	5
❽ 印刷格式					
賞心悅目	1	2	3	4	5
紙質良好	1	2	3	4	5
字體清晰	1	2	3	4	5
圖形色彩清晰	1	2	3	4	5
❾ 整體包裝					
攜帶方便	1	2	3	4	5
裝訂牢固	1	2	3	4	5
使用方便	1	2	3	4	5
價格合理	1	2	3	4	5

3. 整體意見

覺得最大的優點是什麼？

覺得最大的缺點是什麼？

覺得可以如何改進？

三、總結性評量

如果「專家評量」及「前驅測試」的結果都令人滿意，那麼自學式教材的開發就告一段落，可以進行成品的包裝推廣。不過，我們還要注意到：任何自學式教材都是事前規畫、製作的，事前再詳細的考慮，也難免會有疏漏之處，何況時空的迅速改變，都會使教材有再修正、改進的需求，所以在課程開設後，一定要有「追蹤維護（follow-up）」的評量作業，否則無法保證學習的品質。

以推廣教育或遠距教學的型式來說，自學式教材的完成，才只是學習者學習的開始，學校機構接著要進行學習環境的設立、社團的組織、面授教師的約聘、指定作業的批改、及考試評量的實施等，我們要從學習成效的評量、學習者反應的回饋中，不斷的去檢核教材是否達成目標，並且精益求精、追求永續的研究改進，而且一旦決定教材要進行翻修，那麼在再度推出前，我們還要再進行專家評量及實施前驅測試。

總結性評量時，可用的評量資料，除了不定期由教材的使用者所提出的問題記錄外，我們可以用以下重要項目來發展問卷：學習目標、教材內容、教材結構、文字用語、教學活動、作業題目、測驗題目、印刷格式、整體包裝等，本書也附有總結性評量問卷乙份如表2-10，供作參考。

1. 在什麼時機、如何進行教材的總結性評量？
2. 請設計一份你覺得最適合的教材總結性評量問卷。

表 2-10　教材總結性評量問卷

教 材 總 結 性 評 量 問 卷
1. 評量者基本資料 年齡、性別、職業、學校、教師、使用教材時間、成績、等級等。
2. 教材內容的項目分析（請說明發現之問題或缺點） ❶ 學習目標： ❷ 教材內容： ❸ 教材結構： ❹ 文字用語： ❺ 教學活動： ❻ 作業題目： ❼ 測驗題目： ❽ 印刷格式： ❾ 整體包裝： ❿ 其它意見：

第三部分

應用與發展

壹 教材研發的需求

一、開放教育的趨勢

人類知識的發展，在工業革命後，有如山峰上往下滾動的雪球般，越滾越快、越滾越大，美國社會學家杜佛勒（Toffler）用「知識爆炸」一詞來形容它的變化，真是一針見血。

教育做爲反應時代變遷的產物、或做爲促成社會革新的動力，它都深受這種知識爆炸的影響；在近十年來，不管是課程內容的更迭、教學方法的改進、學習環境的創新、甚至整體教育制度的蛻變，世界各國都有「波瀾洶湧、海天壯闊」的教育改革運動。

在這世界性的教改熱潮中，正規學校的教育革新，固然留下深刻的痕跡，但更激烈的改革是在全民、終身教育的革新上。在以往的教育體制中，我們都假設：青年學子在接受義務教育、乃至高等教育後，應能學會一生就業、生活所需的大部分知識，只有很少數從事尖端研究工作的人，在職場上才會需要在職進修，而一般青年在離開學校後，踏入成人世界，本身已熟悉社會的環境，沒什麼需要再學習的事物了。

但知識的快速增加與更新，使得現代離開校園、進入社會工作的成人，無時無刻不面臨所知所能的知識技術被淘汰，及新知識、新技術不斷的引入，持續的「在職進修」變成個人在工作上求發展、求生存的必要途徑。而那些原本照顧家庭不必就業的人、或年長退休的人，現在爲了適應快速變化的生活環境、或開闢人生的第二春，也都有繼續學習的強烈需求。

我國教育部公佈的「邁向學習社會白皮書」（教育部，民87）中，就明白指出：現代人的教育，不是像「直達車」般，在下車後就不可以再上車了；人生的學習應該是不斷的，隨時可以上車、下車的。教育部把這種觀念稱爲「回流教育」，認爲這才是實現「學習型社會」的必經路徑。由這種鼓吹成人不斷的回流學習，「終身學習」終於躍上舞台，成爲近代教育發展的主流。

二、終身學習的問題

當世界各國都體認到：終身學習才是應付知識爆炸、提昇國家競爭力的唯一途徑時，聯合國教科文組織更著書（Delors, 1996）指出：「終身教育是人類進入廿一世紀的關鍵」。各國推廣終身教育的政策，不斷推陳出新，美國以普設「社區學院」來提供民眾學習的機會，英國以成立「開放大學」來廣開大學窄門，其它如：北歐、加拿大、紐、澳等國，也以函授、視聽等科技來進行成人教育；近年來，先進國家更普遍以各種教學科技如：有線電視、直播衛星、電腦、網路等，來進行遠距的、全民的終身學習。

有鑑於普及高等教育的需求，我國在一九八六年正式成立國立空中大學，以自編教科書及電視與廣播做爲教學的主媒體，配合教師面授與函授輔導，來推展成人的大學教育，學生平時不到學校上課，自己利用方便的時間和地點，閱讀指定的教科書內容，並配合電視或廣播時段，在家收看教學節目，每月才有一次到校與教師做面對面的請益學習。在完成指定作業及通過由學校統一命題、閱卷的期中、期末考試後，取得所修課程學分；課程學分累積達到教育部所定標準，則可畢業授予學士學位。

我國的推廣終身學習，除了空中大學的成立外，近年來受大學資源被壓縮及網路科技盛行的影響，各傳統大學也紛紛設立「推廣教育班」

或「遠距教學班」，有的以校園既有的人力、設備、師資等資源，向社會大眾積極開設傳統面授教學的推廣班；也有的以有線電視（cable TV）、ISDN 視訊會議（video conference）或網路會議（computer conference）等科技，對鄰近學校、企業或社區民眾從事遠距教學的推廣教育。

以推動終身學習，建立「學習型社會」的理想來看，傳統大學的面授推廣班或遠距教學班，都面臨以下問題：

1.成本高，不易普及

傳統大學如果採用面對面的教室教學，則一個教師即使在大班教學的環境下，充其量也只能一對五十或一對一百而已！如果採用遠距教學科技，則單位成本更高；少量實驗時，猶可承受，大量推廣時，往往不符經濟成本。傳統大學不管是採用教室教學或遠距教學，由於教學環境的限制，都無法實現普及化的終身教育。

2.教學效果不彰

在面對面的教室教學中，教師易因工作過度而疲憊厭倦，其教學品質隨情緒起伏，而集體學習的學生也不易得到足夠的個別關注。利用高科技的遠距教學，時有機械故障、教師不知如何操作、及學生抗拒科技的困擾，因而影響教學的效果不如預期。

3.不利偏遠地區

終身學習並不是為少數已有充分教育資源的精英而設計，它應以普及到全民為目標，才能建立真正的「學習型社會」。但傳統大學所實施的面授推廣班，只限居住在大學附近的成人能享受到好處，而遠距教學班需要昂貴設備或高速網路，這都不是一般偏遠地區、或弱勢族群所能夢想、奢望的。

我國空中大學以媒體來實施成人的開放教育，在全國各地廣設學習指導中心，實現彼得士（Peters, in Keegan,1990）所說「工業化（**industri-**

alized）教育」大量產出的理想。它能以經濟的大眾傳媒，有效的將教育普及到社會的每一個角落；特別是在一九九七年起，國立空中大學開始採用免試入學的政策，任何有心學習的成人，不分年齡、性別、行業、學歷，都可以向空中大學登記入學。比較起傳統的正規大學，空中大學的開放教育政策更能實現終身學習的理想。

但在成立的十三年來，作者以在空中大學任教超過十年的體會，空中大學開放教育發展最大的障礙之一是在「教學機制」上，它至少有以下幾點明顯的困難：

1. 教學資源嚴重不足

空中大學採用學生以教科書及媒體自學、教師面授輔助的教學策略，但學習絕不應只限於以上所述的教材資源。如何佈置圖書參考資料、課業疑難的諮詢輔導、同學的互相切磋、社團活動的身體力行、名師的風骨楷模、甚至連結校外乃至世界各國的增廣見聞，都是促成有效學習的要件。我國空中大學往往受限於經費或教育理念，僅求以有限資源做最大產出的運用，為量而犧牲了質，殊為可惜。

2. 教科書的設計不良

空中大學的教科書為求其具全國性的地位，往往過度迷信校外名師，這些名師未必明白空中大學學生的素質與期望，也不了解空中大學實施教學的環境與方法，本身又不捨得其專業學養，所編成之教科書內容常常過多、過深，並不適合空中大學的學生。另外，更嚴重的是：空中大學採用學生自學的方法，但教科書中卻不見自學式的設計，內容綱目不張，缺少教師嵌藏的教學策略，其結構內容與一般教科書以「學科知識」為核心殊無兩樣，學生難以自學成功。

3. 教學媒體選用不當

在空中大學開始設校時，教學媒體的選用，被法令侷限在電視、廣播上，並以僵化的每一學分十八講次、每一講次三十分鐘來規範教學節目的製作；一般教師又有優勢媒體的偏見，認爲如果不是選用電視講學，會降低學術地位，因此一窩蜂錄製電視教學節目，不顧課程性質與製播成本，終將教學節目流於「說話人頭」。這樣的教學媒體，不但沒有充分利用媒體的功能，浪費了製播經費，而且無法讓學生擺脫時空的限制，學習成效十分有限。

4.面授教學困難

在教師的面授教學上，空中大學的課程，一般每學期只有八小時面授，面對數百頁教科書、參差不齊的學生能力，習於傳統教室講解的教師，往往不知所措、疲於奔命。而空中大學本身只有極少數的專職教師，面授時大部分仰賴兼職教師來擔負教學工作，對教師品質及教學方法的控制管理上，有「有心無力」的感嘆，面授教學的理想不易實現。

5.行政制度無法有效支援教學設計

空中大學的成立，是在傳統大學之外的另一種新型態的高教學府（莊懷義，民 75），其做法極具創新性。但所有行政、人事、會計等法令規定，卻又以傳統大學官僚型態來加以約束管理，甚至以「經濟實惠」的心態，視空中大學爲一所廉價、高產出的乳牛。空中大學所有自學教材的設計、教學媒體的創新使用、輔導方法的推廣等，都被視爲增加行政困擾、破壞體制、浪費公帑，呼籲革新的人變成不合時宜的異類，新酒在舊瓶中扞格不入。

三、研究與發展

世界各先進國家，都在努力追求開放教育式的終身學習，他們所期許的開放教育制度，至少包括有：「入學資格對全民的開放」及「學習時空的開放」。我國空中大學的設學立校，歷經多次努力改良，諸如：一九九六年修法通過放寬廣播、電視媒體爲「採用多元傳播媒體實施教學」，及一九九七年起免試入學等措施，使空中大學的開放性質更加完備，其特性敘述如下：

1. 入學資格的開放

年滿十八歲之成人，即可自由登記入學。

2. 教學媒體的開放

可採用書本、廣播、電視、錄音帶、錄影帶、電腦、網路、面授等多種不同型態的媒體來施教。

3. 學習時空的開放

全國設立十三個學習指導中心，就近入學；多個電視頻道，觀看教學節目；並可採用錄音帶、錄影帶學習，打破時間、空間的限制。

4. 修業年限的開放

不設畢業年限，一日空大人，終身空大人。

5. 課程科目的開放

設立六系一科，學生入學時不分科系，自由選修，畢業時才以選讀課程學分數，申請畢業主修科目。

空中大學具有充分實現開放教育理想的客觀條件，但達成教育理想的基本前題，是要能有效教學，在目前有限的資源環境下，如何以最經濟、最有效的方式來提昇空中大學教學的成效，乃是我國推動開放教育及終身學習成敗的關鍵，這也是作者在空中大學任職多年，一直所要研究的課題。

在教育問題的研究改進中，教育工作者常使用兩種不同的策略：「描述性（descriptive）策略」及「處方性（prescriptive）策略」。描述性策略是以理論爲前題，去推演依理論所建議的方法，檢驗能否產生良好的教學成效，如：設計一個實驗環境，證實「電腦輔助教學」的模擬學習是否比教師的講授教學有效。但處方性策略則是要在教育的實際需求中，去找尋可以解決問題的方法，如：發現學生學英文時，普遍有只會寫不會聽和講的問題時，我們要用什麼方法來解決？

事實上，在教育研究法中，有所謂的「研究發展法（Research & Development cycle）」，它是在發現實際應用上的問題時，回過頭來，在理論及研究結果中，找尋可以用來解決問題的依據，規畫並製作一套程序或材料，在實際環境中試用後，檢測評量其有效性，依此檢測結果建立理論，再規畫、修正原有程序或材料，再反覆檢測、修正、試用之循環，直到問題的解決。

這種研究發展法綜合了描述性及處方性的策略，對我們解決開放教育中教學機制不佳的問題，提供極爲有用的研究工具。本書作者在體會空中大學教材設計不符自學需求、教學媒體運用既無效力也無效率的問題中，乃以這種研究策略來試圖爲本校教學的困境，找出一條解決之途徑。

在國外有關研究自學式及多元媒體組合教材的設計理論及研究中，我們發現許多有用的理論與經驗。當時作者正好負責校內一些課程教科書的教學設計與內容編寫的工作，在試著以「學生自學」的方式爲設計核心，改寫原來自編教科書「套裝軟體－多媒體」中的第十三章，並與校內多位負責教學設計的教師同仁檢討這種設計後，在學術期刊上發表專文（楊家興，民 85b、民 86），隨即在校內舉辦「自學式套裝教材」之學術研討會，公開檢測、修正自學式教材的設計理念。

在一九九七年，由作者擔任教學設計與學科召集人，與顏春煌、李青蓉及吳穆三位教授共同撰寫，推出本校也是全國第一套「自學式」的多元媒體組合教材「資訊科學導論」，自學式教材的理念由理論探討開始進入製作發展的階段。第二學期中，本校又再推出「電腦入門與實作」、「多媒體系統製作」兩門科目。一九九八年國立空中大學研究處針對這種自學及多元媒體的套裝教材設計，做了專案研究，肯定它的設計理念。自此後，自學式、並以套裝型式呈現的教材，在國立空中大學已成為眾所認可的發展主流。

貳 實例解說

一、自學教材實例

在本文中，我們要以「資訊科學導論」套裝教材為例，說明其設計理念。這一套課程材料包括：教科書一冊共六篇十九章、錄影帶二捲十個單元共三小時、錄音帶三捲十九單元共三小時、及電腦磁片含「電子書」與「智慧型題庫」兩套系統共二片，全部以硬紙盒將所有上述材料包裝在一起，如圖 3-1：

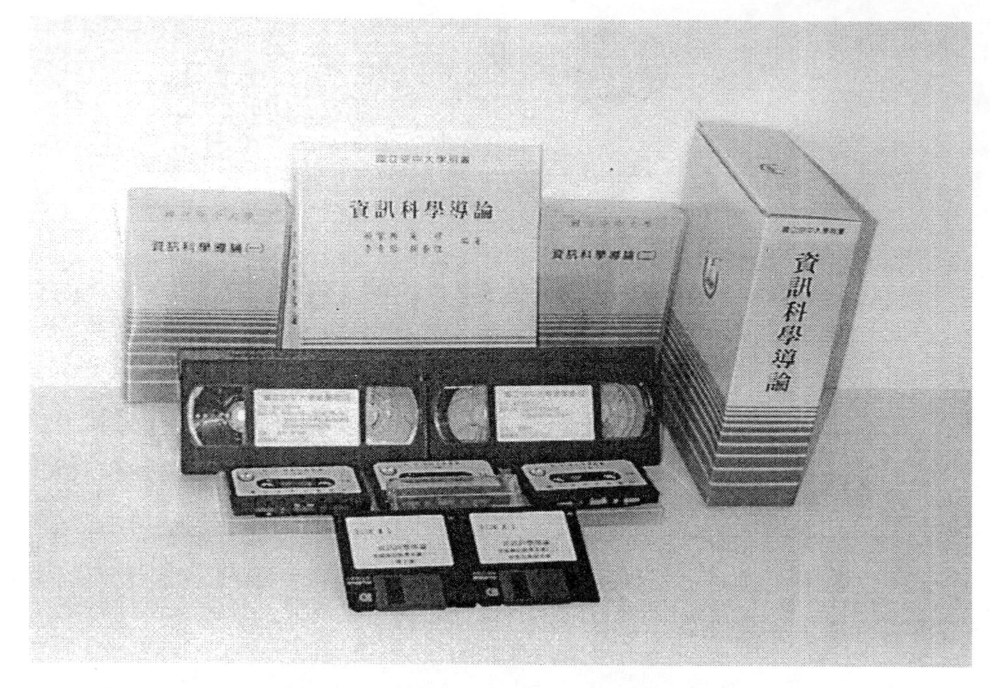

圖 3-1　「資訊科學導論」套裝教材
（取材自國立空中大學課程「資訊科學導論」）

自次頁起，我們列出該書之學習進度表、第二章第一節第一小節之內容、及第二章最後的作業部分，做為我們分析、探討的對象。

「資訊科學導論」學習進度表

週次	教科書	錄音帶	錄影帶	電腦磁片	備　註
1	第 1、2 章	第 1、2 章摘要		第一篇測驗	
2	第 3 章	第 3 章摘要	第 3 章錄影節目	電子書	
3	第 4 章	第 4 章摘要	第 4 章錄影節目		
4	第 5、6 章	第 5、6 章摘要		第二篇測驗	約第一次面授
5	第 7 章	第 7 章摘要			
6	第 8 章	第 8 章摘要			
7	第 9 章	第 9 章摘要		第三篇測驗	約第二次面授
8	第 10 章	第 10 章摘要	第 10 章錄影節目		
9	復習			期中測驗	約期中測驗
10	第 11 章	第 11 章摘要	第 11 章錄影節目		
11	第 12 章	第 12 章摘要	第 12 章錄影節目		
12	第 13 章	第 13 章摘要	第 13 章錄影節目	第四篇測驗	約第三次面授
13	第 14 章	第 14 章摘要	第 14 章 A、B 錄影節目		
14	第 15 章	第 15 章摘要	第 15 章錄影節目		
15	第 16 章	第 16 章摘要	第 16 章錄影節目	第五篇測驗	
16	第 17、18 章	第 17、18 章摘要			約第四次面授
17	第 19 章	第 19 章摘要		第六篇測驗	
18	復習			期末測驗	約期末測驗

第 2 章　數位世界

章節大綱

音訊

1. 請利用開車、做運動、家事或其他方便的時間，聆聽錄音帶片斷 A-2，需時約 10 分鐘。
2. 本段音訊配合教科書第 2 章全部，將整章內容摘要敘述，供正式學習本章前的準備或學習後的整理。

學習目標

在學習本章之後，同學們要能夠：

1. 說明數位化後可能帶來的好處。
2. 指出數字是如何轉化為數位化的資料。
3. 指出文字是如何轉化為數位化的資料。
4. 指出語音是如何轉化為數位化的資料。
5. 指出圖形是如何轉化為數位化的資料。
6. 分析數位化在我們生活中的影響。
7. 列舉五項創新的數位化科技，並說明它們對社會可能的衝擊。

摘　要

過去的世界，不管是物質、還是知識，都要以「原子」的型式來傳送，但在目前高度發展的資訊時代中，一切的知識訊息，必須由「位元」來組成，才能達到大量儲存、高速傳輸、有效利用的目的。本章第一節中，藉電腦發展的過程，分別說明數字、文字、語音、及圖像等資料數位化的原則，使讀者得以了解生活周遭資訊轉化為數位型式的方式。

第二節則以生活中的一些實例來說明數位化在我們生活中的影響，體會到數位化對工作帶來的方便。最後一節則指出數位化的趨勢是個無可遏止的潮流，但在它的光明面下，我們要注意它可能帶來的危險。

原子世界

真實的世界裡，大至飛機航艦、小至針尖髮絲，都是由「原子（atom）」所組成，即使是抽象的知識也常常要以原子的型式（如：書本或報紙）來傳遞。這種原子的移動，在資訊數量不大、需求也不急切的情形下，是可以忍受的。但在資訊時代裡，知識的量增加了，而時間的急迫性也加快了，廿四小時不停更換的時事新聞，可能還不足以讓大家深深了解資訊的重要性，但一個晚一小時的股票訊息、或晚一分鐘的軍事衛星的畫面，卻足以造成財產的鉅大損失或戰爭的全面潰敗。

超文件

在當今的社會中，生活充斥了各種資訊，如果這些資訊還是以原子的型式來呈現或傳遞，那麼我們將無法及時處理或傳遞這些訊息，二次世界大戰中，美國總統科技顧問布希（V. Bush）就深為堆積如山的科學檔案，卻無法及時找出適用的資訊而大感困擾，因此，他提出一種圖書索引的設計，意外的，這種設計的觀念竟成為近日「超文件（hypertext）」科技的鼻祖；他的努力與掙扎，明白的告訴世人：如果沒有有效的處理途徑，過多的資訊與沒有任何資訊的情況其結果是相同的。

類比

視聽科技曾有效的將知識由原子的型式轉換成「類比（analog）」的訊號，迅速的傳播到遠方，美國有線新聞網（CNN）就是一個成功的例子，它一天廿四小時涵蓋全球的即時新聞，曾被稱譽為政治、軍事、財經、社會等各方面資訊的寶庫。但當資訊累積的數量越來越多時，我們要怎樣及時從堆積如山的影片中找到所要的資訊呢？到目前為止，我們還沒有一個很好的方法來從類比資料中檢索所要的圖形、語音或文字等資訊片斷；更別說要操縱、改變這些類比資料了。類比訊號雖然可以很迅速的傳播訊息，但它顯然不是一個很有效率的儲存、檢索、創造的資料型式。

位元

人類在摸索中，找到利用電子原理來計算數字的方法，但同樣的原理，被聰明的科學家拿來處理文字符號，達到大量儲存並迅速檢索文字資料的目的。知識本來是以「原子」的型態藉紙張等印刷媒介來保存傳遞，現在轉變為「位元 (bit)」的型態在電腦中保存與使用，大大的增進了資訊處理的效力與效率。

我們人類所創造的資訊，並不只是文字而已，更正確的說，我們日常生活中身邊所流動的訊息，大半是視覺的或是聽覺的，文字所代表的往往只是一種抽象的、類化的知識，圖形或語音所代表的才是更具體、直接、實在的現象，這些視、聽覺的訊息在物理世界中是以「波 (wave)」的型式來呈現。類比型式原是最符合其物理本質的資料表達方式，但是這種資料不易被檢索操弄，其傳真性 (fidelity) 也易衰化，因此科學家們採用數位的（digital）方法，將音波或光波轉化為位元的資料，資訊的世界從此進入多媒體時代，全面在進行深度的數位化了。

思考活動

1. 由「原子」或「類比訊號」來傳送資訊，與由「位元」來傳送資料相比較，有什麼不同？

參考答案

1. 以原子來傳送資料速度極慢，僅適合在資訊數量不大、需求也不急切的情形下。類比訊號雖然可以很迅速的傳播訊息，但它也不是一個很有效率的儲存、檢索、創造的資料型式。位元則具有快速傳輸與易於操縱、檢索、創造等優點，適合現在忙碌而且資訊大量產出的時代。

2.1 數位化的進行

真實世界是由「原子」組成多采多姿的物理環境，但在數位世界裡，「位元」是架構這個虛擬但卻更有用的世界的基本元素。位元是怎樣以數位的型式來代表這個原子的世界呢？以下我們分別就四種最重要的資訊型式，逐項來說明它們數位化的表現方法。

四種數位化的資訊型式

2.1.1 數字的數位化

數字是最早進行電腦化的資料型式，我們現在所習以為常的「十進位制」數字系統，事實上只是許多種數值表示法之一，早在幾千年前，蘇美人的時代中就有「十二進位制」的年月計算法，甚至在今天中，我們還保留有「六十進位制」的時間計算法。由於電腦在本質上

十進位制數字系統

，是由電子元件所構成，其電壓值可以簡化為「高（有電）」或「低（沒電）」兩類，前者以 1 來代表，後者則以 0 來表示。如果要將常見或習用的數值，轉換為電腦上可執行運算的資料，我們必須以 0 及 1 為基礎，建立一套數值表示及計算的方法，這套方法就是「二進位制數字系統（binary system）」。

二進位制數字系統

由於一個電路可以表達（0 或 1）兩種狀態，第二個電路也可以同樣表達兩種狀態，這兩個電路組合在一起，就可以表達（2 乘 2）四種狀態，同樣的道理，如果電路再加多，三組電路可以表達（2 乘 2 乘 2）八種狀態，四組電路就可以表達（2 乘 2 乘 2 乘 2）十六種狀態，每次增加一組電路，我們就多出 2 倍的數值表示方式，以此類推，當我們使用 16 個電路時，可以表達的數值有 2 的 16 次方（即 65,536）個，使用 32 個電路時，數值個數達 2 的 32 次方，幾乎任何有意義的運算都可以完成了。

由於一個位元就是由一個電路所構成，因此，這些多個電路就成為電腦中的多個位元，以 8 組電路為例，二進位制下多個位元的數值表示值如表 2-1。

表 2-1 位元的數值表示法

8 個位元的表示法	十進位值
00000000	0
00000001	1
00000010	2
00000011	3
00000100	4
00000101	5
00000110	6
00000111	7
00001000	8
00001001	9
00001010	10
00001011	11
⋮	⋮
11111111	255

由於二進位制在表達數值大小時，太多的 0 與 1 常令人混淆，有時我們將三個或四個電路組成一組，來表示同樣的數值，因此也就成為八進位或十六進位制的數值表示法，八進位制數值用 0 至 7 來表示

八進位或十六進位制數字系統

數值大小，十六進位制數值則用 0 至 9 再加上A至F來表示數值大小，我們用下表 2-2 來比較說明之。

表 2-2 二、十、八、十六進位制數值表示法的比較

二進位值	十進位值	八進位值	十六進位值
00000000	0	000	00
00000001	1	001	01
00000010	2	002	02
⋮	⋮	⋮	⋮
00001000	8	010	08
00001001	9	011	09
00001010	10	012	0A
00001011	11	013	0B
⋮	⋮	⋮	⋮
00001111	15	017	0F
00010000	16	020	10
⋮	⋮	⋮	⋮
11111111	255	377	FF

思考活動

1. 試說明什麼是二進位制的數值系統？
2. 以八進位制的數值 36 為例，計算其二進位制及十六進位制的數值表示法。

參考答案

1. 電腦是由電子元件所構成，而電子元件之電壓值可以簡化為「高（有電）」或「低（沒電）」兩類，前者以 1 來代表，後者則以 0 來表示。因此我們將常見的數值，轉換為以 0 及 1 為基礎的數值表示法，用在電腦上執行運算，這套方法就是「二進位制數字系統」。
2. 八進位制的數值 36 轉換為二進位制：

因為每個八進位制的數字可以轉換為三個數字的二進位制的數字，

所以： 3 ——> 011

6 ——> 110

36 ——> 011110

八進位制的數值 36 轉換為十六進位制：

因為四個二進位制的數字可以轉換為一個十六進位制的數字，

所以承上題： 36 (八進位制) ——> 011110 (二進位制)

——> 1E (十六進位制)

2.1.2 文字的數位化

字母式語文系統

數字可以在電腦中用二進位制來表示，文字也不難，特別是歐美以字母為元素的語文系統。以英文為例，文字資料使用的符號，包括了：二十六個字母的大小寫、常用的標點符號、特殊字元（如：@、&、$等）及數字符號等，我們若使用 8 個位元為單位，以它不同的值來分別表示個別的文字符號，那麼這種 8 個位元的表示法就可以涵括 256 種符號，用來表示由字母組成的語文系統已經足足有餘。為了統一各家電腦廠商資料的規格，美國國家標準組織將英文字元符號等制定成標準格式的交換碼以互通資料，常用的交換碼格式有：ASCII 及 EBCDIC，表 2-3 是 ASCII 的字元表，表 2-4 則是 EBCDIC 的字元表。

ASCII
EBCDIC

圖畫式語文系統

中文或其他圖畫式的語文系統就比較麻煩了，中文系統的每個字都有自己獨特的造型，不是由少數幾個字母來拼組，因此，我們必須為每個字造出一個圖形檔，並編號以備檢索，稱為「內碼」。由於中文可稽考的字元數不下於七萬字，16 個位元無法容納全部的中文字，所以曾經有些電腦公司採用 24 個位元來表示一個中文內碼值，但在我國政府重新整理歸納中文文字，刪除一些不常用的古字、別字，目前歸納出的常用字有 5401 個，次常用字有 7652 個，加上字母符號、標點及預留的自造文字等，採用 16 個位元來表示中文內碼已成為大家所接受的標準。

不過在輸入中文時，我們不可能去記憶內碼，因而有種種輸入方上建立「賣點」，提供產品目錄與直銷經營，政府機構在網路上提供行政服務，電話公司利用線路兼營視訊業務，連最保守的學校也要利用數位化提供突破時空的遠距教學。一個全新的社會型態正在塑造中，這些變化的幅度，將會使十八世紀的工業革命看起來只是小巫見大巫而已！

我們固然爲數位化的無限潛力而歡欣鼓舞，但同時我們也感受到跨入新時代中的徬徨與迷惑，我們好像是回到拓荒時代，無法可管、弱肉強食，資訊事業公司的兼併火拼、網路駭客的惡行劣跡、政府的攏斷專制等，無不令人憂心忡忡。數位革命的變化可能帶來福址，也可能帶來災難，好壞無法預期，唯一能確定的是我們不可能在數位化時代中退卻，回到以前的「平靜」時光。我們若沒有心理準備，將會手足無措，甚至如同今日後悔爲什麼要發明火葯、殺蟲劑、抗生素、核子彈等科技般，明日我們會後悔爲什麼要有數位化革命。要避免歷史重演，今日就讓我們一起努力來了解、掌握資訊科技的特質及發展趨勢吧！

作業

1. 請說明將聲音數位化的方法。
2. 請說明將一張圖片數位化的方法。
3. 請列舉生活中的五項活動，並想像數位化科技將能對它們產生什麼影響。
4. 數位化對我們的生活會帶來什麼危機嗎？請說明您自己的看法。
5. 試解釋下列名詞的意義：
   - A. 聲音的取樣率
   - B. 聲音的解析度
   - C. 視訊的取樣率
   - D. 圖像的解析度
   - E. 色彩解析度

二、分析與檢討

在以上教材實例中，其文字說明與範例圖表等部分的分析，與學科專業內容性質密切相關，且屬「微觀設計」，我們姑且不論。在「鉅觀設計」上，該書與一般以「學科知識」為中心的教科書不同，其主要特色有：

1. 書中搭附學習進度表

突顯其以學生自學而規畫的設計。

2. 書中教學結構完整

每章中均有章節大綱、學習目標、摘要、本文、文中學習活動、答案回饋及作業等項目，符合學習發展階段的心理需求。

3. 書中建立清楚的讀取結構

除了有「層級化標題」的結構外，對不同性質的教學活動或內容，也以一個個的「功能區塊」來表達，學生易於讀取書中內容。

4. 書中建立關鍵字與文中學習活動

一般學生在學習的過程中，都會有教師逐步引導、講解，但在自學教材中，學生並沒有教師在旁指引說明，所以我們採用右側「關鍵字」來提示重點，並在每一節後插入「文中思考活動」，為學生歸納學習內容，並提供立即的答案回饋，強化學習的效果。

5. 書中選擇適當的印刷樣式

除了紙質、字體、頁首、書頁大小、封面是全校統一風格外，標題的不同字體、大小、搭配區塊的圖像、廣用圖表、及書側的留白，均有其設計的考量，以方便學生的閱讀及使用。

6. 書中混用多種媒體

本書不僅採「自學式」的文字設計、混用多種媒體，而且更將媒體的內容摘要及使用方式，在教科書的文字中加以描述，使這些不同的媒體能與課程文字有更好的整合。由於課程內容的性質，本章只用錄音帶來協助學生課前準備或課後歸納整理，並在電腦智慧型題庫系統中鼓勵學生自行完成學習評鑑。

國立空中大學研究處針對這門課程的套裝教材設計，做了一項專案研究，報告中指出這門課程設計的優點如下（國立空中大學研究處，民87）：

1. 突破過去僵化的學分、講次的限制，媒體內容的設計也較精緻化。
2. 給學生較大的使用彈性，可以控制學習時間、學習速度及學習份量。
3. 題庫系統的設定時間及隨機選題機制，可提供學生反覆練習的機會。
4. 「關鍵詞彙」及「文中思考活動」能有效協助學習。
5. 節省大量的播映費用與製作成本，符合經濟效益。

研究報告中，也認爲這門課程教材，有以下幾個缺點：

1. 學習進度表的內容有誤，未標出第五章錄影帶內容部分。而且題庫系統可以「章」爲單位，進行選擇練習，但進度表中則以「篇」爲單位。
2. 本課程有四名學科委員，各人寫作風格不同，內容格式上的表現顯得不一致。
3. 電腦媒體以readme.txt檔案提供使用說明，對不熟悉電腦的學生，幫助不大。
4. 成品推出時間匆促，錄影音帶音質及畫質較不穩定，電子書的操作上有瑕疵。
5. 課程推出後，未有軟硬體技術問題方面的解決人員。

參 結論

「資訊科學導論」一書是我們在自學式教材設計研究中的先驅，要突破的困難（如：經費、時間、人力、行政法規等）極多，其內容也有許多不如人意之處。除了研究處專案研究報告中指陳的缺點外，作者認爲還有以下一些改進的空間：

1. 學習目標除了以行爲目標方式具體陳述外，並應考量不同高低層次的目標，多一些分析、綜合或價值判斷等較高層次的目標。
2. 課本內容中的原理原則，最好能多舉些例證，以符合不同能力層度的學習需求。
3. 在使用關鍵字做重點提示外，可以運用多色印刷或用網底字元來強調文字教材中的重點。
4. 文中思考活動的類型中，增加一些「反省化行動指引」的學習活動，如：要求學生依進位制系統的原則，建造一個十二進位制系統，並說明它與十進位制之間轉換的機制。這種反省化行動指引的學習活動，可以有效的將知識與實際生活結合在一起。
5. 在文中思考活動的問題中，適度增加一些學生可以直接在書中回答的空間，以記錄學習思考的過程。
6. 每一書頁的本文與關鍵字之間，能畫上一條區隔線，以免兩者內容相混。
7. 在媒體運用上，要加上題庫系統的評量練習，養成學生在每一章學習後，能自我評量學習成效的習慣。
8. 在教學環境規畫上，開闢網站討論及補充教材提供的空間，並在課文中，說明如何結合課文學習與網站討論的運用方式。

在開放教育環境下，採用自學式教材的設計，是世界各國推動終身學習的重要策略，也是教育改革成功的關鍵，更是實現學習型社會理想的必經之路。作者幾次在國外參加學術會議、或觀摩其教科書設計時，發現：不僅是開放教育機構的教科書，走向自學式設計及多元媒體套裝化包裝，就是一般傳統學校的教科書，也逐漸採用這種自學式設計的觀點，教科書全面由「學科知識取向」的觀點，走向引導「學習者取向」的方向。

近年來，電腦及網路的發展，對教材的製作產生很大的衝擊，平面、靜態的印刷書籍，走向多媒體、動態的「電子書（E-book）」或「網頁教材」，個別化的學習轉型爲合作式學習，但其中人類學習的基本法則不變，自學式教材設計的理念，一樣可以用在新媒體的設計上，我們預期未來自學式教材的理念，將會讓目前顯得空洞的網頁教材，得著真正的教學功效。

參考資料

Alessi, S. M., & Trollip, S. R. (1985). *Computer-based instruction: Methods and development*. Englewood Cliffs, NJ: Prentice-Hall.

Ashcraft, M. H. (1989). *Human memory and cognition*. Harper Collins Publishers.

Bates, A. W. (1995). Creating the future: Developing vision in open and distance learning today, in F. Lockwood (Ed.) *Open and distance learning today*. London: Routledge, pp.42-51.

Bloom, B. S. (1956). *Taxonomy of educational objectives, Handbook I: Cognitive Domain*. New York: David McKay.

Clark, R. E. (1985). Confounding in educational computing research. *Journal of Educational Computing Research*, 1, pp. 137-148.

Delors, J. (1996). *Learning: The treasure within*. Paris:UNESCO.

Dwyer, F. M. (1978). *Strategies for improving visual learning*. State College, PA: Learning Services.

Gagne, R. M., Briggs, L. J., & Wager, W. W. (1992). *Principles of instructional design* (4th ed.). Fort Worth: Harcourt Brace Jovanovish.

Harrow, A. J. (1972). *A taxonomy of the psychomotor domain*. New York; David McKay.

Hartley, J. (1995). The layout and design of textual materials for distance learning. in F. Lockwood (Ed.) *Open and distance learning today*. London: Routledge, pp.279-187.

Heinich, R., Molenda, M., & Russell, J. D. (1989). *Instructional media and the new technologies of instruction* (3rd ed.,). New York: Macmillan.

Henderson, E. S. (1977). *Student response rates to questions in A101 Texts*, Open University Institute of Educational Technology.

Jonassen, D. H. (1991). Evaluating constructivistic learning. *Educational Technology*, 31 (9), pp. 28-33.

Keegan, D. (1990). Foundations of distance education (2nd.). New York: Routledge.

Kemp, N. A. & Dekkers, J. (1995). Contemporary developments in the typographical design of instructional texts for open and distance learning. in F. Lockwood (Ed.) *Open and distance learning today*. London: Routledge. pp. 311-322.

Kirkwood, A. (1995). Over the threshold: Media technologies for home learning. in F. Lockwood (Ed.) *Open and distance learning today*. London: Routledge. pp.129-138.

Krathwohl, D. R., Bloom, B. S. & Masia, B. B. (1964). *Taxonomy of educational objectives: Affective domain*. London: Longman.

Lewis, R. & Paine, N. (1985). *How to communicate with the learner: Making the package easy to use*, London: Council for Educational Technology.

Lockwood, F. (1992). *Activities in self-instructional texts*. London: Kogan Page Limited.

Macdonald-Ross, M. (1995). The development of printed materials: A view of print production for distance learning in the light of recent developments. in F. Lockwood (Ed.) *Open and Distance Learning Today*. (pp. 301-310). London: Routledge.

Mager, R. F. (1984). *Preparing instructional objectives*. Belmont, CA: David S. Lake Publishers.

Marton, F. & Saljo, R. (1976) On qualitative differences in learning, I-Outcome as a function of the learners' conception of the task, *British Journal of Educational Psychology*, 46, pp.115-27.

Miller, G. A. (1956). The magical number seven plus or minus two: Some limits on our capacity for processing information, *Psychology Review*, 53, pp. 81-97.

Morgan, A. R. (1995). Student learning and students' experience: Research, theory and practice. in F. Lockwood (Ed.) *Open and distance learning today*. London: Routledge. pp. 55-66.

Negroponte, N. (1995). *Being digital*. New York: Vintage Books.

Paivio, A. & Yuille, J. C. (1969). Changes in associative strategies and paired-associate learning over trials as a function of work imagery and type of learning set. *Journal of Experimental Psychology*, 79, pp.458-463.

Reigeluth. C. M. (1987). *Instructional theories in action: Lessons illustrating selected theories and models*. Hillsdale, NJ: Lawrence Erlbaum Assoc.

Rose-Scales, G. & Yang, C. S. (1993). Electronic performance support system. 16th Annual Conference of the Eastern Educational Research Association, Clearwater, FL. USA.

Rothkopf, E. Z. & Bloom, R. D. (1970). Effect of interpersonal interaction on the instructional value of adjunct questions in learning from written material, *Journal of Educational Psychology*, 61 (6), pp.417-22.

Rowntree, D. (1994). *Preparing materials for open, distance and flexible learning*. London: Kogan Page Limited.

Rowntree, D. (1990). *Teaching through self-instruction: How to develop open learning materials*. London: Kogan Page Limited.

Salomon, G., & Clark, R. E. (1977). Reexamining the methodology of research on media and technology in education. *Review of Educational Research*, 47 (1), pp.99-120.

Seels, B. & Glasgow, Z. (1990). *Exercises in instructional design*, Columbus: Merrill Publishing Company.

Shuell, T. J. (1986). Cognitive conceptions of learning. *Review of Educational*

Research, 56, pp.411-436.

Tullis, T. S. (1983). The formatting of alphanumeric displays: A review and analysis. *Human Factors*, 25 (6), pp. 657-682.

UCIDT. (1968). *Objective marketplace game*. NY: Instructional Development Institutes, Syracuse University, IDDE.

Yang, C. S. (1994). Theories, templates, and tools for designing and developing instructional hypermedia systems. Unpublished doctoral dissertation, Virginia Polytechnic Institute and State University, Blacksburg, VA.

Yang, J. S. (1987). Individualizing instruction through intelligent computer-assisted instruction: A perspective. *Educational Technology*, 27 (3), pp.7-15

朱湘吉（民 83），教學科技的發展理論與方法，五南圖書。

李麗君（民 82），從英國開放大學教材談自學式教材設計之特性及設計，摘自吳文琴編撰「自學式教材之研究與運用」，國立空中大學研究處，74-90 頁。

莊懷義（民 75），從隔空學習與教育媒體談空中大學的系統教學設計，空中教學論叢（2），1-19 頁。

盧雪梅編譯（民 80），教學理論：學習心理學的取向，Bell-Gredder, M. E 原著，心理出版社。

黃政傑（民 82），自學式教材設計之原理與方法，摘自吳文琴編撰「自學式教材之研究與運用」，國立空中大學研究處，34-40 頁。

教育部（民 87），邁向學習社會白皮書，http://lifelong.edu.tw/page1/yeh/report.html。

國立空中大學研究處（民 87），多元媒體組合教材之發展研究，國立空中大學。

楊家興（民 80），教學設計的變遷，視聽教育雙月刊，32 (3)，16-44 頁。

楊家興（民 85a），透視國家資訊基礎建設下的遠距教學，教學科技與媒體，25，50-57 頁。

楊家興（民 85b），遠距教學下發展多元媒體組合教材的探討，視聽教育雙月刊，38 (1)，1-17 頁。
楊家興、信世昌、羅綸新、及郭秋田（民 85），套裝軟體—多媒體，國立空中大學。
楊家興（民 86），走出被動迎向互動：論教科書中「文中學習活動」的設計與製作，隔空教育論叢，131-154 頁。
楊家興、顏春煌、李青蓉、吳穆（民 86），資訊科學導論，國立空中大學。
楊家興、鄭志文、徐熊健、李青蓉（民 87），多媒體系統製作，國立空中大學。
楊家興（民 87），教學媒體的理論、實務與研究，台北：立華出版社。
顏春煌、楊家興、李青蓉（民 87），電腦入門與實作，國立空中大學。

辭彙集

ABCD 模式：一種學習目標的敘述方式，它包括：「對象」、「行爲」、「條件」及「程度」四種元素。

PLATO：六〇年代中，由伊利諾大學所建構的一種以電腦來輔助學習的系統，開創電腦輔助教學的先河。

工業化（industrialized）教育：彼得士（Peters）的主張，以經濟的大眾傳媒，有效的將教育普及到社會的每一個角落，達成大量產出的理想。

文中學習活動（in-text activities）：自學式教材強調在靜態的教材中，揉入教師那種指導、激勵、詢問、回饋、討論、補充、提示、解釋等方法，轉化爲各種教材中的學習活動。

內在型的圖文關係：圖形與教材內容的關係可分爲：外在型、相關型、內在型三類。內在型的關係是指圖形直接反應教材的內容。

反省化行動指引型（Reflective Action Guide）的設計：一種自學式教材的設計方式，要學習者依據教材中所提示的要點，結合學習者本身的需求或所處環境的特質，去實際進行反省化的活動。

元素呈現論（component display theory）：由梅瑞爾（Merrill）所提出，其基本的假設是：任何一種教學材料，都可以切割爲一系列分割的片斷或畫面；而且所有認知性的教學都可以用「教導」與「練習」兩種模式來進行，而每種模式下又包括「例子」與「通則」兩種教材元素。因此全部教學過程中，有四種教材的主要呈現型式：教導通則、教導例子、練習通則及練習例子。

支援目標（enabling objective）：在教學過程中，爲實現「課程目的」的終極目標，我們可以訂出較細微、較基礎的階段性目標，稱爲「單元目標」。

卡片分類法（card sorting）：爲建立課程的體系及順序，將課程所有的內容項目分別寫在一張張的卡片上，然後再一一加以分類，歸入適當的章節體系內。

外在型的圖文關係：圖形與教材內容的關係可分爲：外在型、相關型、內在型三類。外在型關係是指圖形與內容並無直接關聯，圖形只是用來做爲裝飾品，美化教材，使閱讀文字教材更引人興趣。

立即回饋（immediate feedback）：行爲主義心理學者認爲：只有練習沒有回饋，並無法產生有效的學習，必須在每次練習後，針對學習的反應隨即提供回饋，稱爲「立即回饋」。

包含論（subsumption）：奧薩貝所主張的包含論企圖在學科的邏輯關係與學習者的心理結構之間，建立起相互的關聯，他以爲：只有在教學內容與學生的認知結構上，以自然的、實在的方式相連接時，才會產生有意義的學習，新的學習內容會被知識的著錨點（anchoring idea）所包含。

目的分析：針對整個課程，去探究、了解其所負之任務、所須滿足之學習需求或所須解決之問題。

甘特圖（gantt chart）：甘特圖是以時間爲縱軸，以工作項目爲橫軸，列表來控管專案的工作進度。

多元媒體組合教材（multiple media learning package）：強調書本和其它多種媒體的配合，共同組成「套裝教材」的型式。

多媒體（multimedia）：強調資訊的呈現，可以用文字、聲音、圖像、動畫、視訊及至三維特效等方式來呈現，以建造一個多采多姿、有聲有色的世界。

多媒體（multimedia）電腦：具有處理文字、聲音、圖像、動畫、視訊等資訊能力的電腦，稱爲「多媒體電腦」。

行為主義心理學（Behaviorism）：反對抽象空洞的精神或意識的探討，只研究具體、可觀察的行爲；它將學習定義爲行爲的長久改變，也就是在「刺激」與「反應」之間建立穩固的連結的關係。

多管道學習（multiple channel learning）：使用多種知覺管道（如：視覺、聽覺、觸覺等）來同時進行學習。

印刷排版型式（typography）：這是編輯、排版教科書的慣例或法則，它的設計不僅關係到教材的印製成本、或賞心悅目與否，而且能影響學習者學習的興趣與效率。

回流教育：我國教育部公佈的「邁向學習社會白皮書」中，指出：現代人的教育，不是像「直達車」般，在下車後就不可以再上車了；人生的學習應該是不斷的、隨時可以上車、下車的。教育部把這種觀念稱爲「回流教育」，認爲這才是實現「學習型社會」的必經路徑。

成就測驗：評量活動的目的，則是在完成一大段的學習後，檢測學習者是否達成學習目標。

安置測驗：評量活動的目的，是用來判定學習者的學前知識與能力，以決定是否可以進行課程的學習，或是否可以省略部分的章節。

自學式教材（self-instructional materials）：是要藉助教材中本身的設計，讓學習者能直接了解、吸收教材所包含的內容，達成學習知識的目的。

形成性評量（formative evaluation）：是在產品未完成推出前，爲及早發現問題而進行的評估活動。

李克特式五點量表（Likert Scale）：一種測驗量表的設計型式，受測者針對每一項問卷題目，選擇由極同意到極不同意兩極端的五點評價。

狄克與凱瑞模式（Dick & Carey model）：它以確定教學目標爲發展教材的首要工作，特別著重教學設計的實用性，在其發展過程中，充分保有回饋修正的考量，其流程如下圖：

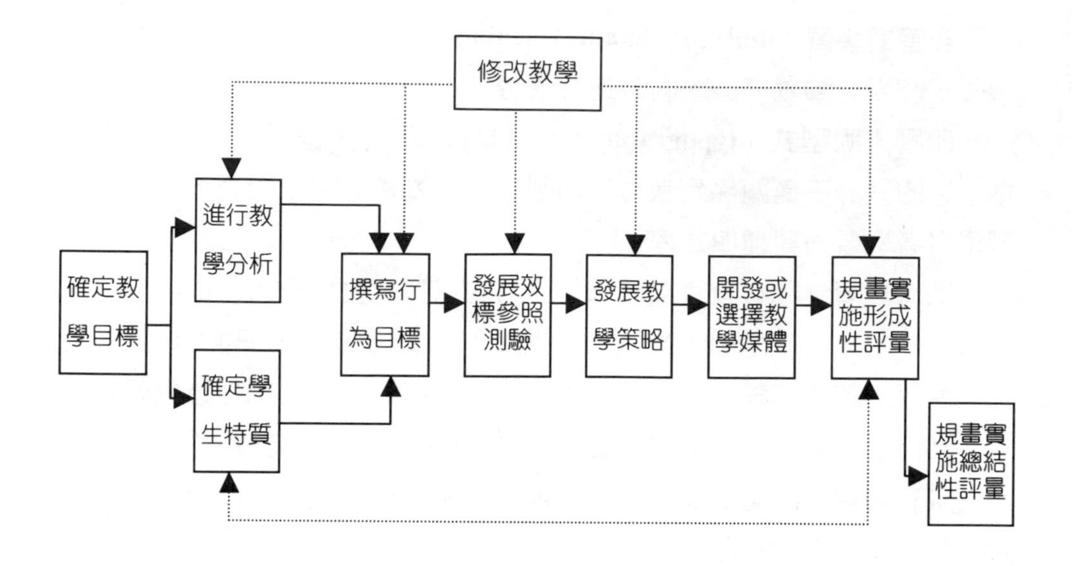

坎普模式（**Kemp model**）：強調教學設計的過程中，不應是嚴格的線性過程，任何教學設計只要是以了解「學習的需求、目的及先後限制」之後，就可以銜接其它任何步驟。坎普模式同時也強調：教學設計的過程中，需要不斷的評量與修正，而不應是放在最後一個階段才來進行評量。其實施流程如下圖：

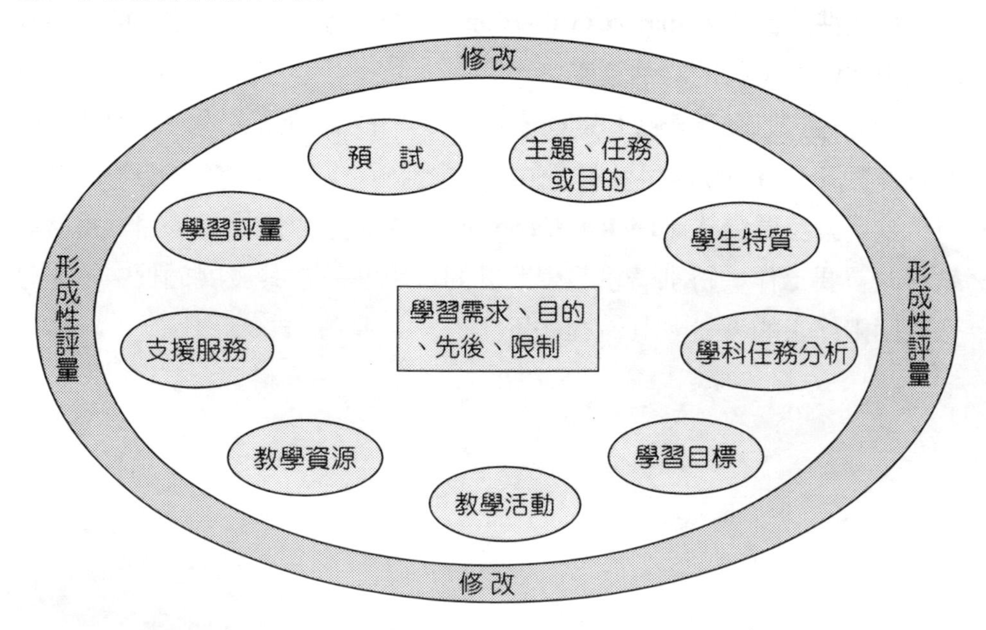

技能目標（psychomotor domain）：技能目標以肢體的控制爲主，可以分爲：反射動作、基本動作、協調動作、體能活動、技巧運動、統整表達等六個層次。

伸縮鏡頭法（Zoom lens approach）：逐步闡釋論的教學步驟，先以廣角鏡頭呈現大概，而後用遠鏡頭拉至近景細節部分，然後定期回到廣角鏡頭，使細節部分與全景之間的關係，能清楚的建立出來。這種「精萃→細節→精萃→細節」的程序，稱爲伸縮鏡頭法。

使用者評量：由教材的使用者直接閱讀、使用教材的初稿，並提供困難及改進的意見。這種方式稱爲「使用者評量」。

表面學習法（surface approach）：摩根的研究指出：許多學習者，在學習過程中，往往只是死記一些可能成爲考題內容的文字，不願深入了解、體會教材的意義，這種學習法稱爲「表面學習法」。

抽象式學習（abstract learning）：布魯納主張人類的學習活動有：「操作式」、「圖像式」及「抽象式」三種，抽象式學習以符號式的抽象經驗來學習，是難度最高的學習活動。

延遲回饋（delay feedback）：對學習活動的結果，並不立刻提供回饋，而是等過了一段時間後，才提供回饋訊息的方式，稱爲「延遲回饋」。

個人化教學系統（personalized system of instruction）：凱勒（Keller）所倡導的一種個別化學習方式，學生從多種教材媒體中自學，並個別的自助教手中通過及討論測驗，以進行到下一階段的學習。

個別化學習（individualized learning）：強調在學習的過程中，學習者可以依個別能力的差異與需求，來選擇適合的教材內容、進行個別學習目標的活動。

型式資訊（format information）：教材中各式的功能區塊或資訊方塊，除了能提供較好的資訊組織外，它們特殊的型式，還能提供額外的有關組織的訊息，學習者透過瀏覽這些區塊的圖示或其中某些特定的重點型式，可以快速的找到所要的資訊。

研究發展法（Research & Development cycle）：一種教育研究法，

它是在發現實際應用上的問題時，回過頭來，在理論及研究結果中，找尋可以用來解決問題的依據，規畫並製作一套程序或材料，在實際環境中試用後，檢測評量其有效性，依此檢測結果建立理論，再規畫、修正原有程序或材料，再反覆檢測、修正、試用之循環，直到問題解決。

故事板法（storyboarding）：爲建立課程的體系及順序，將所有的教材項目分別寫在一張張的卡片上，然後在一張大紙板上排列其呈現順序。

限制條件（constraints）分析：也就是「資源分析」。事實上，如果我們有了相當良好、充分的人力、物力、時間、空間等條件，那它們就成爲資源，否則就變爲限制，兩者是一體的兩面。

頁首標題（running head）：這是在每一書頁之頁首行所提供的章節標題或頁次等資訊，這種標題結構具有如同鷹架協助建物般，引導學習者歸類吸收知識的功用。

美國空軍模式（Air Force model）：主要包括有五個步驟：「分析系統需求」、「確定教育需求」、「發展目標與測驗」、「規畫、開發及檢驗教學」、及「實做及評量教學」。基本上，前一步驟的產生是下一步驟的輸入資料，但在順序執行這五項工作時，它們之間會有一些互動的影響，其流程如下圖：

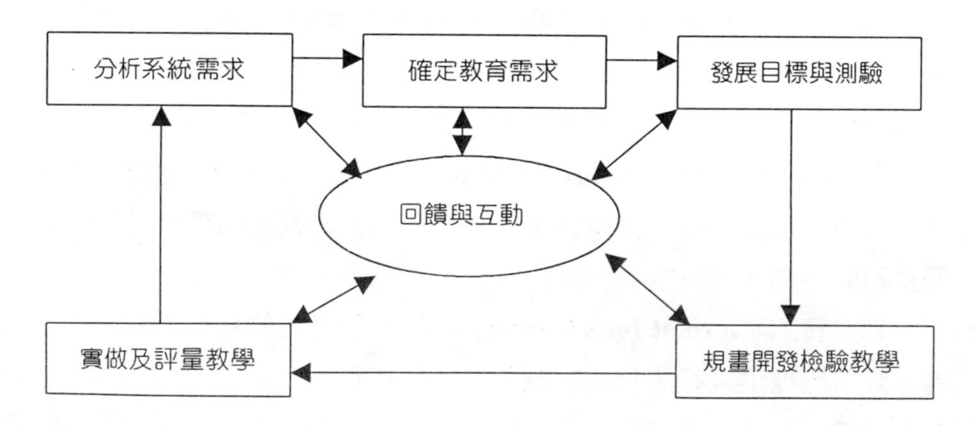

封閉性的題目：封閉性題目，如：塡充、選擇等，只在答案卷或課本中留下少許空白，讓學習者在有限的空間內做簡短的回答。

流程圖法（flowcharting）：爲建立課程的體系及順序，依知識發生的自然順序，排定其先後呈現的關係。

建構主義（Constructivism）：這個認知心理學的支派，強調學習者在知識形成過程中的主動角色，以「學習者」爲中心，積極的與外界互動，選擇所要的材料，不斷的擴大、精緻化、或重組自己的認知體系，他們認爲學習的意義是在建構知識的過程，而不是建構後的結果。

相關型的圖文關係：圖形與教材內容的關係可分爲：外在型、相關型、內在型三類。相關型的關係是指圖形與內容相關聯，但並非是內容最真實、最直接的表現。

前驅測試（pilot test）：在完成初稿尚未正式發行前，教材先交由少數的學習者在實際的教學環境中進行試用，以檢測教材的成效，稱爲「前驅測試」。

紙上教學型（Tutorial-in-Print）的設計：一種自學式教材的設計方式，強調在學習過程中，設計一個無形、虛擬的教師，在旁不斷的提示、引導學習者去了解、吸收教材。

效果律（Law of Effect）：在行爲後，如果所出現的狀態是正面的、愉快的，將來在同樣情境下，會再產生同樣行爲的強度就提高了，反之，不愉快的狀態會減弱再產生同樣行爲的強度。

效標參照評量（criterion-referenced test）：是以一絕對的標準來評定學習者是否通過課程的學習，如：我國常採用的六十分及格制。

訊息處理論（information processing theory）：認知心理學的一個支派，主張在認知的產生上，外界刺激被感官所覺知後，保留很短的時間，若未做進一步處理則遺忘，若被有限量的選擇進入短期記憶區，則可再保留一段時間，之後則被遺忘，但若經複誦、入碼等處理，並結合長期記憶區的原有知識，則可進入長期記憶區永久保留。在反應作用的過程中，我們首先讀取長期記憶區的知識，送至短期記憶區中保留，再藉對身體官能的控制，表現爲外在的反應行爲。

套裝教材（learning package）：現代的自學式教材已不再只侷限於

印刷媒體而已，它常以「教科書」為平台，配合課程內容的特性，採用多種不同的媒體，以解釋、示範、實作文字教材的內容，並將這些多元媒體以組合的方式，完整包裝成為「套裝教材」，方便學習者的使用與攜帶。

記憶術（mnemonic devices）：一種用來協助學習者將知識連結在已有的認知結構上，並方便未來的檢索回憶的技巧，包含有：「諧音」、「字首」、「比喻」、「連結」等方式。

處方性（prescriptive）策略：是一種研究、改進教育問題的策略，它是在教育的實際需求中，去找尋可以解決問題的方法，如：發現學生學英文時，普遍有只會寫不會聽和講的問題時，我們要用什麼方法來解決？

通用模式（generic model）：以一線性的流程涵括了教學設計過程中最重要的五項因素：分析、設計、發展、應用、評鑑，如下圖：

國立空中大學：有鑑於普及高等教育的需求，我國在一九八六年正式成立國立空中大學，以自編教科書及電視與廣播做為教學的主媒體，配合教師面授與函授輔導，來推展成人的大學教育。

逐次呈現（progressive disclosure）：一種教材的呈現策略，由整體而發展到細節部分，逐漸加深、加廣教材的內容。

逐次辨識（progressive differentiation）：包含論主張：在教材及教法上的應用上，最廣泛及一般性的知識原則，應該最先呈現，然後才將細節及特性逐次呈現並辨明之，稱為「逐次辨識」。

逐步闡釋論（elaboration theory）：由瑞格魯斯所倡導的，他認為：教學活動進行時，首先呈現「精萃」部分，接著就其中一個主題進行「細節」的闡釋，然後又回到「精萃」，再接著是針對精萃中另一個主題進行「細節」的闡釋，這種由「精萃→細節→精萃→細節」的步驟一直循環，直到課程教學完畢。

深度學習法（deep approach）：摩根的研究指出：學習者若是在學習過程中，深入了解、體會教材的意義、或努力將教材與實際生活經驗建立關聯，這種學習法便稱爲「深度學習法」。

專家評量（expert review）：在完成初稿尙未正式發行前，教材先交由專家學者，以其經驗、知識，對教材的內容與設計提供客觀、專業的建議，稱爲「專家評量」。

從做中學（learning by doing）：杜威提倡「從做中學」的理論，要在學習過程中，藉親身的參與來檢驗知識的「真」。

組塊（chunk）：認知心理學中所指有意義的訊息片斷，如：一句名詞或只是一個數字。

組塊理論（chunking theory）：組塊理論認同「人類在短期記憶能力上容量有限」的主張，但它認爲：這數目與資訊項目的大小無關，因此若我們能將複雜的多個概念結合成數目較少但層次較高或意義相關聯的區塊，那麼我們將可處理更多的概念，並減輕記憶的負擔。

情意目標（affective domain）：情意目標屬於情感或道德價值領域；它可以分爲：感知、回應、珍視、組成觀念、內化特質等五個層次。

情境學習論（situated learning）：情境學習論的學者主張：知識的意義不是自己自足的，它真正的意涵是與知識所處的情境交織而成，特別是語文，任何一句話、一個名詞，要與上下文結合，才能產生意義。

終極目標（terminate objective）：在教學過程中，我們所要完成的較大、較完整的「課程目的」就是「終極目標」。

細節（elaboration）：在逐步闡釋論的主張中，教材內容屬於例證、細部說明及相關的參照原則部分就是細節。

常模參照評量（norm-referenced test）：將所有學習者的成果以一相對於常態的分配圖，定出某一特定學習者所在的高低位置，如：百分位數等。

推廣教育班：由傳統大學所設立，以校園既有的人力、設備、師資等資源，向社會大眾積極開設傳統面授教學的推廣班。

教學事件（instructional events）論：由甘葉等人提出，他們認爲：學習者在學習過程中有一定順序的心理需求，而有效的教學，就是要根據學習者的需求，規畫出一系列相對應的教學事件。

教學發展局模式（IDI model）：本模式有三個階段：「計畫」、「發展」、「考評」，每個階段再各含三道步驟，對教學設計的程序都有十分詳盡的規範，其流程如下圖：

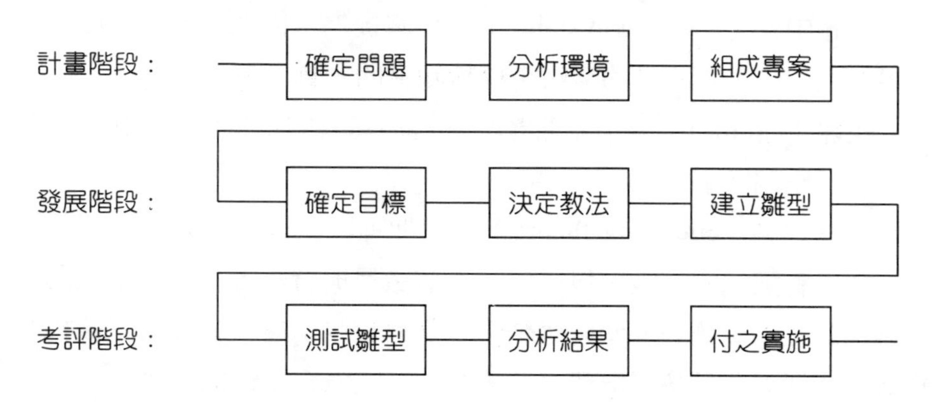

教學機（teaching machine）：一種實現編序教學理念的機器，在機器的一個小窗口中，呈現一個教材說明及問題後，學習者在另一個窗口中輸入反應，再由第一個窗口呈現正確答案，經比對後，學習者再反覆進行下一個教材說明及問題的學習。

累積學習論（Cumulative Learning Theory）：本理論由甘葉（Gagne）所倡導，他認爲：一個人會擁有某項能力，必定要先擁有一些其它的基礎能力，因此，我們可以從任一個指定的學習目標往後推演，得著它所必須先學會的基礎知識。

惰化的知識（inert knowledge）：學習者學會了所閱讀的教材或知識，但無法將之利用、遷移到真實的情境中，教材變成死的、不起作用的知識。

最少的合理的例證及反證的數目：由馬克爾及提曼所提出，認爲：一組最少的、合理的反證，是該概念中重要特質的數目，而且這些反證應個別反映出這些特質的驗證。而最少的、合理的例證，在數目上則沒有限制，通常只要這些例證能個別反應出一些不同的非重要的特質即可。

備份教材（**alternate materials**）：對某些教材內容，我們可以同時使用多種不同的媒體來呈現相同的內容，學習者因此能依不同的時機或個人的傾向，來選擇其中一種教材媒體，實現學習的多元化。

開放大學（**Open University**）：為因應高等教育普及的呼聲及全民學習社會的成型，英國在六〇年代後期，率先成立世界第一所以遠距方式施教的開放大學（Open University）。

開放性的題目：開放性題目，如：申論題或討論題等，在答案卷或課本中留下大量空白，讓學習者可以利用空間，自由發揮、充分做答。

開放教育：打破傳統上對接受教育所附加的諸多限制，如：入學資格或學習時空等。

描述性（**descriptive**）策略：是一種研究、改進教育問題的策略，它以理論為前題，去推演依理論所建議的方法，檢驗能否產生良好的教學成效，如：設計一個實驗環境，證實「電腦輔助教學」的模擬學習是否比教師的講授教學有效。

超媒體（**hypermedia**）：超媒體的理論，認為人類思考的模式不是線性的，所有教材或資訊的呈現，必須是跳躍式的連結，才能符合人們使用時機動的、個別的需要。

單管道學習（**single channel learning**）：只使用單一的知覺管道來同時進行學習。

著錨點（**anchoring idea**）：所謂的「著錨點」就是一種更廣泛、層次更高的概念，可以用來做為較低階知識相連接的鷹架。

統整協調（**integrative reconciliation**）：包含論主張：在教學時，一定要很清楚的指出過去所學的知識，與目前學習的概念或資訊之間相似或相異的地方，才能有效協助學習者建立一個完整、平衡的認知體系，稱為「統整協調」。

診斷測驗：評量活動的目的，是以測驗的方式來檢查學習困難的癥結。

嵌藏式（**embedded**）資訊：圖形中所含的資訊意義，並不像文字般具體表述出來，使用者必須憑自己的經驗與判斷，去發掘、體會其中嵌藏的意義，這些意義就是嵌藏式資訊。

腦力激盪術（brain storming）：鼓勵參與人員自由、隨興的發表意見，主席只是聆聽並記錄問題，並不答辯任何質疑，等發言結束後，再一一過濾整理大家的意見，並採用其中可用部分的意見。

楊氏模式：本模式以三度空間的立體圖形，來闡述教學設計的進行。包括：分析階段、設計（規畫）階段、發展（製作）階段、及評量階段，其流程如下圖：

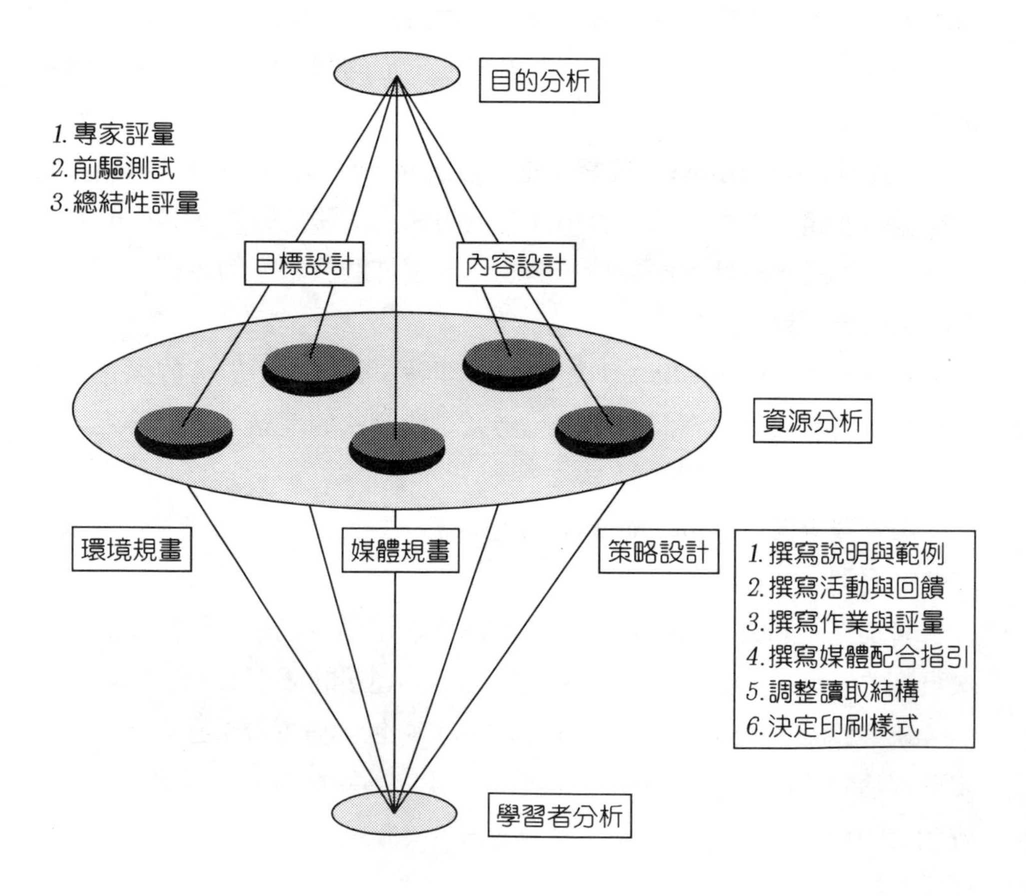

資訊方塊（information block）：所謂「資訊方塊」是指教材中性質相似而有別於其它教材部分的一段文詞敘述或圖表，所有相同類型的方

塊，都成爲一個個的模組，每種方塊在教科書上，都以頁緣上不同的標誌來指示其內容性質，因此很容易可以區分出每一個文字方塊內容的性質。

資訊回饋（informative feedback）：在回饋時，不僅告知結果的對錯與否，而且提供答案的解說，稱爲「資訊回饋」。

資源（resources）分析：很清楚、很明確的去了解教材製作時是否有可以採用的教材，及未來學習者使用教材時，所可能擁有的資源環境。

電腦輔助教學（computer-assisted instruction）：六〇年代時，配合電腦的發展，教育學者用電腦來取代教學機，逐頁呈現教材內容；後來教學理論的進步，使得電腦漸能以各種不同的型式有效的輔助學習。

經驗的三角錐（cone of experience）：戴爾以一「三角錐」來說明不同媒體型式對學習成效的影響。他主張：具體的經驗是了解抽象知識的基礎，而且在各種不同型式的學習經驗中，親身的參與比替代式的學習有效，影像、圖形又比文字符號具體易學。

微觀設計（micro design）：探討在呈現教材內容時，某一頁或某一片段教材應如何呈現以促成有效學習的策略。

鉅觀設計（macro design）：探討在呈現教材內容時，應如何將整章教材由頭至尾伸展開來的流程。

圖化資訊（information mapping）：宏恩主張將教材中所有的文辭、圖表，劃分爲一個個的「資訊方塊」的表達方式，在各個區塊中，以書側關鍵字、不同顏色的重點標示、歸納式圖表或各種區塊圖示符號等，來迅速總結區塊中的文字資訊。這種以圖形方塊排列不同性質教材的方式，稱爲「圖化資訊」。

圖像式學習（iconic learning）：布魯納主張人類的學習活動有：「操作式」、「圖像式」及「抽象式」三種，圖像式學習以影像、圖形等替代式的經驗爲學習，難度較高。

圖像術（imagery）：是在教材中插置視覺圖像或以文詞提示心智圖像，以強化學習者對知識的理解及吸收。

認知心理學（cognitive psychology）：反對行爲主義只重外顯行爲而

抹殺個人內在的認知能力，它認爲學習不只是刺激與反應間的機械連結關係而已，個體內原有的認知體系、被改變的意願、基本的心智能力與獨特的學習型式等，都會影響學習的結果。

認知目標（cognitive domain）：認知目標大部分涉及知識體系的建立；它可以分爲：記憶、理解、應用、分析、綜合及價值判斷等六個層次。

精萃（epitome）：在逐步闡釋論的主張中，教材內容能顯示其基本原則的敘述部分就是精萃。

遠距教學班：由傳統大學所設立，以有線電視（cable TV）、ISDN 視訊會議（video conference）或網路會議（computer conference）等科技，對鄰近學校、企業或社區民眾從事遠距教學的推廣班。

團隊式教材製作：由多個人分工合作，共同負責教材製作專案的進行。

語意聯結網路（semantic net）：昆利連認爲：人類的認知體系是由許多的概念核心所組成，每個概念核心與其它相關的概念核心，透過關係來相連接，一旦某個概念核心被刺激所催動，其所相連接的相關概念核心也由近而遠逐一的被活化。

說話人頭（talking head）：在視訊媒體如電視、錄影帶中，只是不斷播放一個說話滔滔不絕的人像，稱爲「說話人頭」。

對話型（dialogue）的教材設計：一種自學式教材的設計方式，反對完全的講述，因此在一段的知識講解後，一定要搭配一段對話互動，讓學習者有機會思考或表達自我意見。

層次排序法（priority ranking）：爲建立課程的體系及順序，將教材項目依其所涵括範圍的大小，由上而下分析排列層級。

編序教學（programmed instruction）：由史肯納所提出來的理論，主張將課程知識分解爲一串串相連接的獨立片斷，由淺至深、順序呈現，在每個片斷後立刻提供內容的練習，做爲進入下一片斷學習前的準備，並以此達到有效學習的目的。

鞏固測驗：評量活動的目的，是用來協助學習者鞏固剛剛所學的內容，有些類似編序教材在每一小段後立即提出的問題。

增強理論：行爲主義心理學者認爲，對正確的反應行爲給予獎勵，可以增加未來繼續如此反應的強度，這種由獎勵來提高反應行爲的理論，稱爲「增強理論」。

練習律（Law of Practice）：對某一行爲反覆加以練習，可提高其產生同樣行爲的強度。

課程目的導向的目標分析：在決定教學的目標分析時，先以課程的目的爲中心，再往下抽絲剝繭做成細部目標的分析設計。

獨行俠式教材製作：由一個人負責所有教材製作專案的進行。

操作式學習（enactive learning）：布魯納主張人類的學習活動有「操作式」、「圖像式」及「抽象式」三種，操作式學習以直接、具體的經驗來進行，是學習的基礎。

學科取向的目的分析：是以某一學科的知識體系爲考量，列舉該學科中知識的條目，並轉化爲教材所要達成的目的。

學科知識導向的目標分析：以學科的知識體系爲核心，列舉知識大綱及其附屬的條目，並依據對學習者及資源分析的結果來轉換、調整成爲學習目標的設計。

學習者分析：調查、分析教材可能的使用者，並依據這些學習者的特質，擬定相對應的編製教材的參考原則。

學習者取向的目的分析：是以滿足或解決學習者所面臨的需求與問題爲考量，依據對需要或問題的了解，再來規畫教材所要實現的目的。

學習階層的分析（learning hierarchy analysis）：累積學習論建議將所要達成的最終任務，分解成一系列的元素任務（component task），而這些元素任務有一種層次順序的關係，低階層的任務必須先精通後，才能過渡到高階層的學習，這種程序的界定就是「學習階層的分析」。

錄音帶教學系統（audio-tutorial system）：波斯特史威德（Postlethwait）所倡導的一種個別化學習的方式，學生在錄音帶中聽取指示，自行進行各種學習活動，並在之後的小組討論中，輪流報告心得。

導進組體（advanced organizer）：它是指在進入主體的教材內容之

前，先用摘要方式敘述內容綱要後，才開始主體的內容說明，由於在摘要部分已經先提供高層次的知識鷹架，學習者將很容易吸收隨後的細部內容。

優勢媒體：各類媒體中，因受時代潮流影響，有部分媒體被教學人員視為特別重要、受歡迎、具有象徵高地位的媒體。

總結性評量（summative evaluation）：在教材經發行與推廣使用後，為了解教材能否滿足學習者的需求及適應真實環境的變化，我們必須定期舉辦評量，以檢測評估其適用性，稱為「總結性評量」。

簡單回饋（knowledge of response）：在回饋時，僅告知結果的對錯與否，稱為「簡單回饋」。

雜湊書本（scramble book）：教科書的內容切割成多個教材片斷，學習者學習某一個片斷後，依回答問題所提出答案之不同，再「分歧」到不同的教材頁中，繼續進行學習。

雙入碼（dual coding）理論：在學習過程中，我們對圖像資訊的處理會產生圖形及意義兩種不同的編碼記憶，有利於知識的保存與檢索。

覺醒心（awareness）：學習者在學習過程中，不只是盲目的背誦死記，而是明確知道自己在學習什麼，有時停下來思考一下剛剛所學的內容，與先前的經驗建立關係，或實際練習一下法則或公式，以體會教材的奧妙，這種學習心態就是「覺醒心」。

讀取結構（access structure）：藉教材的組織型式，來協助學習者建構知識體系並讀取資訊的方法，我們稱為「讀取結構（access structure）」。

鷹架資訊：如同鷹架協助大樓的建立般，知識體系中清楚的標題架構，可以協助學習者建立本身的認知體系，我們可以說這種標題架構提供了「鷹架資訊」。

永然法律事務所聲明啟事

本法律事務所受心理出版社之委任爲常年法律顧問，就其所出版之系列著作物，代表聲明均係受合法權益之保障，他人若未經該出版社之同意，逕以不法行爲侵害著作權者，本所當依法追究，俾維護其權益，特此聲明。

永然法律事務所

李永然律師

一般教育 56

自學式教材設計手冊

作　　者：楊家興
執行主編：張毓如
總 編 輯：吳道愉
發 行 人：邱維城
出 版 者：心理出版社股份有限公司
社　　址：台北市和平東路二段 163 號 4 樓
總　　機：(02) 27069505
傳　　真：(02) 23254014
郵　　撥：19293172
E-mail：psychoco@ms15.hinet.net
駐美代表：Lisa Wu
Tel：973 546-5845　Fax：973 546-7651
法律顧問：李永然
登 記 證：局版北市業字第 1372 號
印 刷 者：玖進印刷有限公司
初版一刷：2000 年 3 月

定價：新台幣 200 元

ISBN 957-702-362-2

國家圖書館出版品預行編目資料

自學式教材設計手冊 / 楊家興著. -- 初版.－
臺北市：心理，2000[民 89]
面； 公分. -- (一般教育 ; 56)
參考書目：面
ISBN 957-702-362-2(平裝)

1. 教材 － 設計 2. 自修教育 － 教學法

521.9 89002071

讀者意見回函卡

No. ________　　　　　　　　　　　　　　　　填寫日期：　年　月　日

感謝您購買本公司出版品。為提升我們的服務品質，請惠填以下資料寄回本社【或傳真(02)2325-4014】提供我們出書、修訂及辦活動之參考。您將不定期收到本公司最新出版及活動訊息。謝謝您！

姓名：____________________　性別：1□男 2□女

職業：1□教師 2□學生 3□上班族 4□家庭主婦 5□自由業 6□其他______

學歷：1□博士 2□碩士 3□大學 4□專科 5□高中 6□國中 7□國中以下

服務單位：__________________　部門：____________職稱：__________

服務地址：__________________________電話：________傳真：________

住家地址：__________________________電話：________傳真：________

電子郵件地址：____

書名：____

一、您認為本書的優點：（可複選）

❶□內容 ❷□文筆 ❸□校對❹□編排❺□封面 ❻□其他________

二、您認為本書需再加強的地方：（可複選）

❶□內容 ❷□文筆 ❸□校對❹□編排 ❺□封面 ❻□其他______

三、您購買本書的消息來源：（請單選）

❶□本公司 ❷□逛書局⇨______書局 ❸□老師或親友介紹

❹□書展⇨____書展 ❺□心理心雜誌 ❻□書評 ❼□其他________

四、您希望我們舉辦何種活動：（可複選）

❶□作者演講❷□研習會❸□研討會❹□書展❺□其他__________

五、您購買本書的原因：（可複選）

❶□對主題感興趣 ❷□上課教材⇨課程名稱_________________

❸□舉辦活動 ❹□其他_______________

（請翻頁繼續）

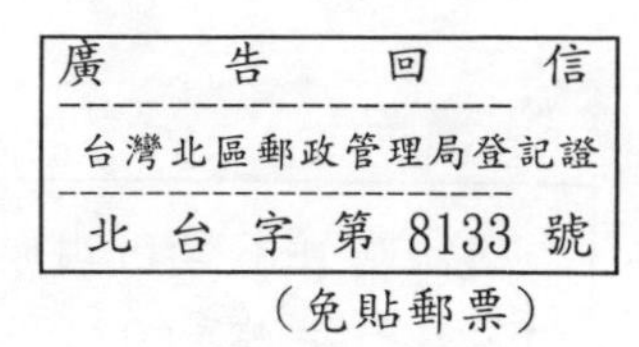

（免貼郵票）

心理出版社股份有限公司
台北市 106 和平東路二段 163 號 4 樓

TEL:(02)2706-9505
FAX:(02)2325-4014
EMAIL:psychoco@ms15.hinet.net

沿線對折訂好後寄回

六、您希望我們多出版何種類型的書籍
❶□心理❷□輔導❸□教育❹□社工❺□測驗❻□其他

七、如果您是老師，是否有撰寫教科書的計劃：□有□無
書名/課程：________________

八、您教授/修習的課程：

上學期：________________

下學期：________________

進修班：________________

暑　假：________________

寒　假：________________

學分班：________________

九、您的其他意見

____

謝謝您的指教！